Un viaje por la historia de los TEMPLARIOS en ESPAÑA

Un viaje por la historia de los TEMPLARIOS en ESPAÑA

Descubra su historia secreta y recorra los enclaves templarios de la Península Ibérica

Xavier Musquera

nowtilus

Colección: Viajero intrépido
www.viajerointrepido.com
www.nowtilus.com

Título: Un viaje por la historia de los templarios en España
Subtítulo: Descubra su historia secreta y recorra los enclaves templarios
de la Península Ibérica
Autor: Xavier Musquera
© 2007 Ediciones Nowtilus S. L.
Doña Juana I de Castilla 44 3º C, 28027 Madrid
www.nowtilus.com

Editor: Santos Rodríguez
Coordinador editorial: José Luis Torres Vitolas

Diseño y realización de cubiertas: Carlos Peydró
Diseño y realización de interiores: JLTV

ISBN 13: 978-84-9763-463-2

Fecha de publicación: Septiembre 2007

Printed in Spain

A Pepa, mi esposa, por su talante
ante la vida y por acompañarme en el Camino,
desde hace ya 37 años.

ÍNDICE

AGRADECIMIENTOS

Deseo expresar mi agradecimiento a las personas e instituciones siguientes, especialmente a Carlos María, Víctor, Ástur y Rafa, que, además de la información, me han obsequiado con su amistad.

A Raúl Arias del Valle, archivero de la Catedral de Oviedo, quien me autorizó a fotografiar documentos. A José Ramón Barraca de Ramos, director de la Biblioteca Pública de Oviedo, por sus consejos. A Vicente José González García, arqueólogo y profesor, presidente de la Asociación Interregional de los Amigos del Camino de Santiago, a "Alfonso II, el Casto", por la interesante documentación y los paseos por la encantadora Oviedo. A Enrique García Tessier, director del Museo Arqueológico de Asturias y a sus empleados. A Rafael Loredo Coste, secretario general de la Fundación Foro Jovellanos del Principado de Asturias, por ofrecerme la bibliografía jovellanista. A Agustín Hevia Ballina, director del Archivo Histórico Diocesano de Oviedo. A José Luis Argüelles, del Instituto de Estudios Asturianos. A Carlos María de Luis, quien me ofreció sus datos y su charla siempre animada. A Rafael Rodríguez Prado, por compartir la buena sidra asturiana, acompañarme a interesantes enclaves y ofrecerme todo tipo de información. A Ignacio Ruiz de la Peña, catedrático de Historia Medieval de la Universidad de Oviedo, por abrirme puertas. A Ángel Almazán de Gracia, por el recorrido efectuado por Burgo de Osma y su amabilidad. A Tomé Martínez, cuya obra me ha permitido la oportunidad de descubrir misterios de su tierra, Galicia. A Joseph Ureña Llitjós, presidente de la Associació Medieval de Bagà. A la Oficina de Turismo de la Xunta de Galicia en Madrid. Al Ayuntamiento de Teverga, a Marga del Albergue–biblioteca y a Ramón de la Oficina de Turismo de Teverga. A la Oficina de Turismo de la Plaza Alfonso II de Oviedo. A la Oficina de Turismo de Llanes. A Juan García Atienza y Rafael Alarcón Herrera, que, con sus obras, han sabido despertar el interés por la Orden del Temple. Y a todos aquellas personas que se cruzaron en mi búsqueda y me ayudaron en su momento y, debido a la falta de espacio, ruego me disculpen por no citarlas.

Introducción

Ofrecer en la actualidad un trabajo sobre la Orden del Temple parecería no tener ningún sentido. La existencia de decenas de obras sobre su historia, sus posibles conocimientos esotéricos, la existencia de un supuesto tesoro y su relación con el Nuevo Mundo, han llenado miles de páginas, con mayor o menor fortuna.

No cabe duda de que muchos enigmas envolvieron a la Orden. Sus conocimientos eran transmitidos oralmente, tal y como se hacía tradicionalmente desde la más remota antigüedad, y en consecuencia no estaban reflejados en documento alguno. Este hecho provocó desde un principio que investigadores y estudiosos tuvieran que formular tan sólo hipótesis y conjeturas.

Existen dudas e interrogantes que conducen irremediablemente a la formulación de preguntas. Preguntas que todavía no poseen respuestas, ya que "oficialmente" no se han formulado. Generalmente no se efectúan, cuando se sabe de antemano que difícilmente se hallarán las respuestas. Lo cómodo y lo fácil es no hacerlas. Todo está bien, tal y como está.

Esquemas establecidos e ideas preconcebidas son el lastre de una enseñanza oficial, académica y conservadora. A pesar de que la base de toda investigación es el estudio de documentos, esta no puede cimentarse única y exclusivamente en la búsqueda por archivos y bibliotecas. Los documentos forman parte de una verdad; pero no son toda la verdad. Intereses de todo tipo se hallan detrás de los acontecimientos y son muchos los textos tergiversados y manipulados en su momento.

Lamentablemente, la investigación y el estudio convencional no tienen en consideración estos hechos y otras realidades que se encuentran más allá del racionalismo metodológico. Conscientes o no, están en contra de todo aquello que no esté avalado y documentado, cuando, en realidad, lo que aparece como ajeno a la Historia es aquello que la ha configurado. La carencia absoluta, o casi absoluta, de información respecto a una posible presencia del Temple en un lugar concreto, es la que tal vez ha motivado que hayan sido muy pocos los que se han interesado por el tema.

Para algunos, la Orden del Temple permaneció sumergida en conocimientos ocultos y esotéricos, en rituales mágicos y en estudios astrológicos, numerológicos y geométricos que reflejaron en sus construcciones. En cambio, para otros, tan sólo fue una orden religiosa de caballería y poco más. Un mero "accidente" histórico, una consecuencia de las Cruzadas al servicio de la Iglesia que, una vez cumplida su misión, fue disuelta.

Si bien es cierto que es obligado desmitificar a los templarios y despojarles del aura de misterio que los autores del siglo XIX les atribuyeron, no es menos cierto que la Orden no estuvo formada por un puñado de descerebrados, blasfemos, homosexuales, ladrones, hechiceros y herejes, que se dedicaron a matar a la morisca y a amasar riquezas, además de custodiar a peregrinos, en opinión de algunos estudiosos e historiadores.

En sus escasos doscientos años de existencia, la Orden participó en la precaria paz de las Cruzadas, en la política y la diplomacia y, sobre todo, en la promoción y custodia de las rutas de peregrinaje, jalonadas de megalitos, antiguos asentamientos celtas, montes y fuentes consideradas sagradas y también de petroglifos antiquísimos. Símbolos y marcas de cantero aparecen en construcciones en las que se asentaron, o en aquellas que estaban bajo su jurisdicción administrativa. Iconografía que hallamos abundantemente a lo largo del Camino de Santiago, ruta iniciática y de peregrinación anterior al cristianismo.

Todo ello resulta como el anverso y el reverso de una moneda. Ambos forman parte de una misma pieza. Lo razonable es poner la moneda en equilibrio y entonces nos mostrará sus dos caras al mismo tiempo, para ofrecernos una visión global y completa de la misma. Este es el equilibrio deseable para establecer, con un mínimo de ecuanimidad y coherencia, todas aquellas posibilidades que nos permitan una acercamiento lo más riguroso posible hacia una comprensión general de lo que pudo ser la Orden del Temple.

Encontrar ese término medio es tarea harto difícil. Pero realizar ese tipo de estudio nos obliga, cuando menos, a despojarnos de prejuicios, condicionamientos y de todo aquello que pudiera influir en nuestra búsqueda para evitar con ello obtener una visión apasionada en un sentido o en otro.

Con el tiempo, los autores que han tratado el apasionante tema del Temple han llegado a formar dos grandes corrientes de opinión: la Templomanía y, por ley pendular, la Templofobia.

Cabían dos opciones: presentar una obra al uso, tal vez otra más, o bien tratar de ofrecer las vivencias de un trabajo de campo que con el tiempo se ha convertido en un cúmulo de desengaños y alegrías, de hallazgos y frustraciones, y, lo más importante, trasmitir la experiencia del contacto humano que enriquece todo camino.

Recorrer nuestra geografía para buscar posibles huellas templarias se convirtió en una aventura fascinante. Si la historia había dedicado sus esfuerzos al estudio de las órdenes autóctonas como la de Santiago, Calatrava, Alcántara y Montesa, y les había dedicado gran atención, no sucedía lo mismo con la Orden del Temple.

Convertida en lo que podría llamarse una multinacional, apenas es citada en la Reconquista y, en consecuencia, tampoco sabemos con claridad si su presencia tuvo influencia en la turbulenta historia de la Edad Media. Los porqués a tantas preguntas han sido simple y llanamente ignorados. Creo que esta serie de circunstancias es la que ha motivado el que muchos nos hayamos interesado por los enigmas que rodearon a la Orden y que todavía persisten hoy día.

Busquemos pues razonamientos lógicos, utilizando el sentido común y todas aquellas posibilidades que puedan ofrecernos pistas e indicios, a pesar de la escasa documentación existente. Tal vez así podamos obtener una base suficientemente sólida para emprender un estudio que, de antemano, sabemos será hipotético, pues no puede ser definitivo, pero que permita despertar el interés sobre lo expuesto.

El presente trabajo no es una obra al uso, excesivamente erudita y con constantes citas y referencias. Existen ediciones en el mercado que cumplen perfectamente dicho cometido.

El lector encontrará en capítulos y apartados un trabajo de campo a modo de reportaje. Únicamente aquellos que son de carácter informativo estarán confeccionados con el estilo tradicional de las obras que tratan dichos temas. En consecuencia, los capítulos que pueden ser independientes estarán unidos entre sí por el tema central: ir tras las pistas de posibles huellas templarias por la geografía norteña, en la que los documentos acreditativos brillan por su ausencia.

Esta modesta aportación puede resultar positiva para todos aquellos que se interesen por el Temple y deseen comprobar, " in situ ", aquello que se expone.

A lo largo de este recorrido encontraremos cruces de distinta factura, estrellas de cinco o seis puntas, algunas de ellas invertidas. Todo un amplio abanico de mensajes pétreos, como caduceos, serpientes, símbolos astrológicos y marcas de cantero que esperan ser descubiertos.

En definitiva, un interesante y apasionante viaje que sorprenderá, en ocasiones, por los hallazgos de siglos, que sabrán transmitirnos su mensaje en la mudez de la piedra. Entonces la sombra del Temple aparecerá mucho más alargada de lo que muchos puedan imaginarse.

Capítulo 1

Breve repaso histórico

Nos hallamos a principios del siglo XI. La Iglesia de Roma, después de la reforma gregoriana, inspirada en la renovación de Cluny, supone un nuevo impulso de espiritualidad monástica y una visión universal y regenerada de la Cristiandad. Se afianza la unidad de los pueblos y se organizan las primeras expediciones contra el Islam. Fruto de este proceso fue la primera Cruzada en 1099.

La sociedad, basada en la economía del territorio y dominada por una clase social poderosa, es organizada por designio y mandato de la Iglesia, la cual asigna a cada ser humano su lugar en la tierra, de acuerdo con los designios de Dios. Mientras unos se ocupan del rezo, otros combaten y los demás trabajan. Es entonces cuando aparece una nueva categoría de caballeros que, al servicio de los señores feudales y la nobleza, invaden territorios, matan y saquean. La Iglesia, para intentar canalizar este estado de cosas, promueve el Concilio de Clermont en 1095, en el que el Papa Urbano II propone a estos caballeros tomar la cruz y liberar el Santo Sepulcro de Cristo, caído en manos de los musulmanes cinco siglos antes.

"Id a combatir al infiel, al enemigo de Cristo, en vez de sembrar el terror entre los cristianos". Con estas palabras se une el ideal caballeresco con la belicosidad feudal y el espíritu de las órdenes monásticas. Pronto la caballería se ve integrada en la sociedad y se convierte en elemento de choque de la Cristiandad. Ya en su momento, Tertuliano había calificado al cristiano como un "Milites Christi", por lo que el concepto de un cristianismo combativo no era algo nuevo para la época. En los monasterios ya existía el concepto simbólico de la lucha espiritual del monje, que era equivalente a la del mártir. Así nace el ideal del monje- guerrero, que empieza a adquirir un papel destacado como brazo armado de la Iglesia y de su teocracia. Ello permitió a los dirigentes eclesiásticos liberarse de su dependencia de los señores feudales y participar en el control de cuánto sucedía en las Cruzadas y en la política de Occidente.

Tras la caída de Antioquia en 1099, los cruzados ocuparon la Ciudad Santa y fundaron el Reino Latino de Jerusalén, otorgado a Godofredo de Lorena y posteriormente a su hermano Balduino, primer rey del nuevo Estado. Este nuevo territorio estuvo organizado según el modelo feudal occidental, por lo que se formaron señoríos que eran custodiados por castillos y fortalezas, defendidos por caballeros y mercenarios.

A iniciativa de un grupo de caballeros franceses liderados por Hugo de Payns o Payens, nace en 1120 la primera orden religioso-militar de la Cristiandad medieval, tal y como se nos indica en la bibliografía de los estudios más recientes. Aunque la Orden del Hospital es anterior a la del Temple, esta tenía por finalidad exclusiva el cuidado y la hospitalización de peregrinos, de ahí su nombre. Dicha Orden no se convirtió en militar hasta décadas más tarde. De igual manera, las órdenes peninsulares posteriores no se fundaron hasta la segunda mitad del siglo XII.

El objetivo de la Orden del Temple consistía en garantizar la seguridad del camino que conducía de Jaffa–Ramleh hasta Jerusalén y era utilizado por los peregrinos que se dirigían a la Ciudad Santa. Esta ruta estaba infestada de malhechores.

Desde un principio, los templarios adoptaron el carácter de milicia para contrarrestar la falta de apoyo de los cruzados, los cuales una vez cumplidos sus votos en Palestina volvían al poco tiempo a Occidente.

El rey Balduino hizo donación de su residencia, identificada con el antiguo templo de Salomón, en el que los musulmanes habían edificado la mezquita de Al–Aksa. Fue así como los Pobres Caballeros de Cristo pasaron a denominarse Orden del Templo (del francés: temple, templo) y a ser conocidos como Equites Militae Templi Salomonis. De este modo, a mediados del siglo XII, templarios y hospitalarios pasaron a convertirse en el instrumento militar de los estados latinos de Siria y Palestina.

Bernardo de Claraval, famoso monje y reformador del Cister, redactó la Regla que regiría los estatutos de la nueva orden. Dicho tratado y fundación se formalizaron en el Concilio de Troyes (Aube, Champagne). Entre 1128 y 1130, el Patriarca Estevan realizaría una nueva redacción conocida como "Regla Francesa". Bernardo recurrió al concepto de "Guerra Justa" ya propugnado por San Agustín, pues los Santos Lugares eran cristianos y así deberían seguir siéndolo.

A mediados del siglo XII, el Temple ya se había extendido tanto por el Próximo Oriente como por Occidente. Poseía fortalezas y encomiendas y precisaba la división de sus territorios en Provincias: las Orientales estaban en Jerusalén, Trípoli, Antioquia, Chipre y Rumania. Las Occidentales eran las de Sicilia, Lombardía, Castilla, Aragón, Cataluña, Portugal, Inglaterra, Escocia, Irlanda, Normandía, Aquitania y Provenza.

La administración estaba dividida en Prioratos, Bailías y Encomiendas. La institución estaba protegida desde un principio por la Santa Sede (Bulas, "Omne Datum Optimum," 1139), que la ponía bajo la protección papal. La bula "Milites Templi", en 1143, concedía indulgencias a los benefactores de la Orden y permitía a esta la posesión de capillas, iglesias y cementerios propios. Los beneficios económicos y territoriales del Temple escapaban al control de la jurisdicción civil y eclesiástica; tenía sólo que rendir cuentas ante el Papa. Ese fue el caldo de cultivo que llevó a la Orden a ser el centro de envidias y a convertirse en un Estado dentro del Estado y en una Iglesia dentro de la propia Iglesia, idea compartida por casi todos los autores.

En lo que atañe a la Península Ibérica, el Temple, bajo el mando de Alfonso I, "el Batallador", rey de Aragón y Navarra (1114–1134), conquista el valle del Ebro a los musulmanes y efectúa una temeraria incursión en Al–Andalus, donde atraviesa Valencia, Murcia, Granada y Málaga.

Ramiro II, "el Monje", casado con Inés de Poitiers, tuvo una hija que casó con Ramón Berenguer IV, conde de Barcelona. Sus buenas relaciones con el Temple le llevaron a una serie de acuerdos que fueron compensados económica y territorialmente. Así, los templarios obtuvieron villas y castillos como Barberà (Tarragona), Mongay y Corbins (Lérida), Chalamera y Monzón (Huesca), y Belchite y Remolinos (Zaragoza).

Las actividades de la Orden se intensifican; Alfonso II, "el Casto", y el Temple conquistan el Bajo Ebro y atacan Tortosa (Tarragona) en 1148, asedian Lérida en 1149 y conquistan el castillo de Miravet (Tarragona) en 1152. Reciben como premio un quinto de las tierras conquistadas y buena parte de los territorios entre Mequinenza y Benifallet, en Tarragona. En 1168 se les concede la tercera parte de la ciudad de Tortosa. Paralelamente, la Orden desarrolla actividades financieras y comerciales, como el importante comercio de la sal en Aragón.

Aparece en escena Jaime I, "el Conquistador" (1208–1276), pero, por cuestiones de regencia, resulta ser finalmente Sancho, hijo de Ramón Berenguer IV, quien es nombrado por las Cortes, hecho que a pesar de todo no acabó con los problemas con la nobleza hasta el 1227. Es a partir de 1210 cuando el Maestre del Temple, Guillén de Monredón, se hace cargo de la educación y custodia del futuro rey Jaime I en el impresionante castillo de Monzón, en la provincia de Huesca. Más tarde el rey, apoyado por la Orden del Temple, conquista Valencia y Mallorca.

Especial atención merece la concesión a los templarios de la comarca y del castillo de Calatrava, en Ciudad Real, por el rey Alfonso VII (1105–1157). Pero en 1158, la Orden se declara incapaz de su defensa y de la del territorio ante el avance de los almohades.

Ya a mediados del siglo XIII, los templarios participan en la ocupación de las tierras del Guadalquivir, en las campañas de Fernando III, "el Santo", quien les otorga la localidad de Fregenal de la Sierra, en Badajoz, después de la toma de Sevilla en 1248.

También en Portugal, la Orden, bajo la protección de la realeza, alcanza territorios y posesiones. La más conocida es la fortaleza de Tomar, que más tarde sería sede del Temple portugués, la Orden de Cristo.

El ocaso

El Temple se había convertido en una especie de banco y sus préstamos llegaban a manos de reyes y nobles. Uno de los más endeudados con la Orden era precisamente el rey de Francia, Felipe IV, apodado "el Hermoso", quien había devaluado fraudulentamente la moneda, aumentado los impuestos y gravado los beneficios de la Iglesia. Además, expolió a los judíos y a los banqueros lombardos. Por si fuera poco, volvió a contraer deudas con el Temple al tener que costear la boda y dote de su hija con Eduardo II de Inglaterra en 1308.

Políticamente, Felipe IV había intentado el control del Temple al proponer la fusión del mismo con la orden rival, la de San Juan de Jerusalén, es decir, los Hospitalarios. El proyecto fue presentado en el Concilio de Lyon en 1274. La nueva orden, Los Caballeros de Jerusalén, dependerían directamente de la corona francesa y su Maestre sería un príncipe de la Casa Real. A pesar del empeño del rey, la empresa no se llevó a cabo. En 1287 el rey se apodera de propiedades de la Orden, cedidas por Luis IX en 1258. Más tarde, acusa a los templarios de interferir en los asuntos reales.

Las intrigas del rey y su perseverancia en destruir al Temple le obligan, paradójicamente, a la restitución de sus privilegios en París en 1293, ya que necesita constantemente fuertes sumas de dinero. A pesar de todo, el rey sólo tiene un objetivo: someter a la Orden y apoderarse de sus riquezas. Finalmente el rey logra una parte de sus fines cuando consigue que sea designado un Papa francés, Clemente V, el primer Papa de Avignon. Aunque dicho nombramiento favorece sus maquiavélicas intenciones, empieza a extenderse el descontento general entre la población, ahogada por los impuestos. Además, el rey, que tiene que costear la guerra con Flandes, se ve obligado de nuevo a recurrir económicamente al Temple, lo que acrecienta su deuda con él.

La Orden del Temple, soberana, independiente y poderosa, ignora que su fin está cerca. Las intrigas palaciegas, los rumores y las incipientes acusaciones van creando el pretendido ambiente desfavorable hacia ella. Guillermo de Nogaret, mano derecha del rey, consigue infiltrar algunos espías entre los templarios para recabar datos e información sobre todo aquello que más tarde servirá para su inculpación. La veracidad de la información no es prioritaria, lo importante es la circulación de rumores y calumnias como la hechicería, hábitos depravados o

Castillo de Miravet (Tarragona), uno de los enclaves en que el Temple resistió a su disolución. En una explanada del mismo fueron degollados sus últimos supervivientes. Desde entonces, el lugar es conocido como la Plaza de la Sangre.

la herejía. Pronto el rey queda complacido y satisfecho con las noticias de que dentro de la Orden reina la corrupción y la herejía.

Algunos caballeros del Temple que han sido expulsados por distintos motivos declaran en su contra Así es como, poco a poco, se van acumulando rumores, falsedades y medias verdades que configuran las futuras acusaciones. Ante los juristas del Consejo Real, y a cambio de dinero, declara un tal Esquieu de Floryano, ex miembro de la Orden y ex prior de Montfaucon. Así mismo, se conocen las declaraciones de Noffo Deghi, florentino de dudosa reputación cuya vinculación con el Temple era simplemente comercial.

En una carta fechada el 24 de agosto de 1307, el Papa duda de las acusaciones efectuadas en contra del Temple y promete una investigación, pero la posterga todo cuanto puede. Mientras, Nogaret consigue que antiguos templarios expulsados de la Orden por distintos motivos declaren cualquier cosa sin fundamento alguno, a cambio de dinero o por rencor y venganza. Llegamos así hasta el 14 de septiembre de 1307, en que Nogaret ordena la detención de los Hermanos de la Iglesia y proclama que sus bienes sean confiscados. El 13 de octubre de ese mismo año se convierte en el día fatídico para los templarios. Su suerte estaba echada.

Ante la sorpresa general, los monjes-guerreros no ofrecen resistencia y Jacques de Molay es detenido en persona por Nogaret. Los miembros más importantes del Temple, con su Maestre a la cabeza, son conducidos a la Sorbona ante la presencia de los oficiales del reino para proceder a la lectura de los cargos. El Papa, indeciso frente a los acontecimientos, pero bajo la presión e impaciencia del rey Felipe, convoca el Concilio de Vienne el 16 de octubre de 1311. A pesar de todo, el Pontífice antepone a la causa templaria los problemas de Tierra Santa, la Cruzada contra los infieles y la reforma de la Iglesia. El rey, irritado, vuelve a sus tácticas habituales de presión y amenazas. En marzo de 1312, convoca en Lyon, no lejos de Vienne, una reunión de los Estados Generales en la que reaviva el proceso por herejía contra el antecesor de Clemente, el Papa Bonifacio VII.

Se realizan negociaciones secretas entre delegados pontificios y representantes del rey, pero el Papa sigue sin ceder a las presiones de Felipe IV. El monarca vuelve con sus amenazas y anuncia que avanzará con su ejército hacia Vienne. Finalmente, Clemente V reúne un consistorio secreto el 22 de marzo de 1312 para la disolución definitiva de la

Orden del Temple. En la bula "Vox in Excelso", datada ese mismo día, el Papa suprime la Orden e indica que lo mismo habían hecho otros Papas con otras órdenes religiosas, a pesar de que sus miembros no se vieran inculpados por causa alguna.

Tras casi doscientos años de existencia, la Orden del Temple dejaba de existir como tal. Con la bula "Consideranto Dudum", del 6 de mayo de 1312, se proclamaban dos situaciones: la primera estaba constituida por todos aquellos que fueran declarados inocentes y por aquellos que se hubieran reconciliado con la Iglesia después de confesar sus delitos. Recibirían una pensión procedente de los bienes de la Orden y podrían residir en algún monasterio conservando sus votos religiosos. En cambio, aquellos que persistieran en la negación de sus culpas deberían ser castigados con todo el rigor de la ley.

Las posesiones y los bienes de la Orden pasaron a ser propiedad, en todos los reinos cristianos, de la Orden de San Juan de Jerusalén, por la bula "Ad Providam" del 2 de mayo de 1312, excepto en Mallorca, Aragón, Castilla y Portugal. Así fue como el rey de Francia, tras largo tiempo de conspiraciones e ignominias, veía cómo sus aspiraciones para apoderarse de las riquezas de la Orden desaparecían como el humo de las futuras hogueras.

Quedaba por decidir la suerte del Maestre, Jacques de Molay y la de sus dignatarios. El 22 de diciembre de 1313, Clemente V decide finalmente ocuparse de los prisioneros. Después de un largo proceso que duraría tres meses, el 18 de marzo de 1314, los dignatarios de la Orden son conducidos a la tribuna que a tal efecto se ha levantado en el pórtico de la catedral de Nôtre-Dame. Allí, en acto público, les son leídas las acusaciones de apostasía, herejía y blasfemia que ellos mismos han confesado.

Ante los cardenales, Nicolas de Fréauville, Arnaud de Faugères, Arnaud Nouvel y Philippe de Marigny, el mismo que condenó a la hoguera a cincuenta y cuatro templarios, el Maestre General del Temple, Jacques de Molay y el Maestre provincial de Normandía, Godofredo de Charney, se retractan de todas sus confesiones y proclaman ante todos los presentes su inocencia y la de su orden. La sombra de la duda provoca que los miembros del tribunal, perplejos, decidan aplazar la cuestión. Pero el rey no espera ninguna actuación eclesiástica y entrega al verdugo al Maestre General y al Maestre de Normandía.

Aquella tarde, en una isla del Sena llamada de los Judíos, Felipe IV ve al fin cumplidos sus deseos. Los templarios, víctimas de las conjuras tramadas por un ambicioso rey y por la debilidad de un Pontífice, cierran aquel luctuoso día una de las trágicas páginas de la historia de la Edad Media.

Mientras esto sucedía en Francia, en Inglaterra los miembros de la Orden fueron arrestados a principios de 1308. A pesar de que reinaba, recordémoslo, el yerno del monarca francés los templarios recibieron mejor trato que sus compañeros del continente. La Orden fue disuelta y, al igual que en Francia, sus bienes confiscados, pero esta vez en beneficio de la Corona, de la Iglesia y de los Hospitalarios. Sin embargo, no fueron declarados culpables. Por aquel entonces se celebraron otros concilios en Londres, Chipre, Messina o Treveris, entre otros, cuyas conclusiones fueron la absolución de los templarios ante la falta de pruebas.

En la Península Ibérica, Navarra destacó por la tenaz persecución sufrida por la Orden, puesto que dicho reino estaba fuertemente vinculado a la política de Francia. En Mallorca, Sancho I entregó a la Santa Sede los bienes del Temple, a pesar de que sus posesiones no eran elevadas, a cambio de que los Hospitalarios continuasen con los deberes asumidos por los templarios.

Jaime II de Aragón pidió información al rey francés sobre las acusaciones formuladas contra la Orden. A pesar de la colaboración del Temple en las campañas efectuadas en pro de la Reconquista, el monarca acabó por ceder a las presiones de Felipe IV, encarceló a los templarios y confiscó sus bienes en diciembre de 1307, antes de que la justicia eclesiástica se pronunciase en un sentido o en otro. Prudentemente, más tarde encomendó a la Inquisición que iniciara un proceso contra ellos.

No todos los miembros de la Orden aceptaron de buen grado su disolución, tal y como había sucedido en el país vecino. Algunos de ellos se hicieron fuertes en sus castillos y fortalezas hasta derramar la última gota de su sangre, como fue el caso de Jerez de los Caballeros, en Badajoz, o Miravet, en Tarragona. En Alba de Aliste (Zamora) resistieron hasta el 1310, cuando conocieron que en el Concilio de Salamanca habían sido declarados inocentes.

Poco después de la desaparición del Temple, Jaime II solicitó de la Santa Sede la creación de una nueva orden. Así fue como, en 1317, la bula "Ad Fruitis Uberis" promueve la fundación de la Orden de Santa María de Montesa, que lucharía en las fronteras de Valencia contra los musulmanes. Algunos bienes del Temple pasaron a sus manos, entre ellos la localidad y el castillo de Montesa, en tierras valencianas. La nueva orden estaba sujeta a la de Calatrava, que también había recibido en su momento posesiones pertenecientes al Temple. El Maestre de la nueva hermandad era elegido directamente por el Pontífice.

En Portugal, los templarios y sus bienes pasaron a engrosar las filas de la Orden de Cristo, fundada en 1319 bajo el reinado de Dionís I, "el Liberal". El castillo de Tomar siguió siendo su cabeza y los hermanos quedaron bajo la directa dependencia de la Corona. En el futuro, la Orden de Cristo tendría gran relevancia en la historia del país.

Capítulo 2

El templo, edificio sagrado y edificio religioso

Elegir el lugar idóneo para la edificación de templos en los que el ser humano pudiera estar en contacto con lo divino ha sido desde siempre una constante en la historia del Hombre. Los romanos llamaron a estos terrenos habitados por las fuerzas de la Tierra, "genius loci"; para el mundo celta, las corrientes subterráneas representadas por la serpiente eran llamadas *wuivres* y, para los chinos, las corrientes telúricas eran las venas del dragón. Todas las culturas han buscado lugares especiales para la ubicación de sus edificios religiosos.

Muchos templos poseen una arquitectura sagrada, basada en una geometría también sagrada. A través de los tiempos, el templo ha sido el libro abierto que revela el drama eterno del ser humano: transformar su encarnación involutiva en un cuerpo de luz, objetivo final de su existencia, de la misma forma que lo hizo la planta respecto al reino mineral y a su vez lo hizo el animal respecto al vegetal.

A través de esta visión cósmica del Hombre, este se convierte en un Antropocosmos y la geometría sagrada, convertida en templo, se transforma en un Cosmodrama para que pueda llevarse a cabo este renacimiento.

El edificio no es simplemente una forma estructural, es mucho más. En realidad se trata de una realización trascendente. Trabajando la materia, se la modela y transforma para darle una forma determinada que va más allá del puro trabajo técnico. Esa materia elaborada no es el medio para invocar a la divinidad, sino que se convierte en el transmisor por el cual la divinidad se manifiesta. Trabajada adecuadamente, crea la atmósfera necesaria para la comunicación con lo trascendente, lo divino[1].

Esta arquitectura simbólica e iniciática posee claves y enigmas que hacen pensar que tras su construcción pudo haber mucho más que un simple motivo religioso. Este es el arte sagrado, que no puede confundirse con el religioso.

Comprender el mundo medieval resulta difícil si no se penetra en la idea básica de que la naturaleza no tenía sentido si no se observaba como un medio trascendente. Dios se revela a través de los símbolos que encontramos en la propia naturaleza. No es meramente casual que los monasterios se asentaran en plena naturaleza para buscar en ella respuestas y permitir el recogimiento y el estudio.

Es necesario trasladarse a la Edad Media e intentar comprender la mentalidad de la época. Es evidente de que se trataba de una forma de pensamiento muy alejada de la del hombre del siglo XXI.

Para el hombre medieval, el universo y todo cuanto contenía no eran otra cosa que la emanación de la Divinidad; el mundo histórico, al igual que el natural, dependían exclusivamente de Dios. Él se reflejaba en el Universo y el hombre, a través de su conocimiento, podía acercarse a Él. Esta mentalidad era la que permitía a la Iglesia influir en un pueblo inculto, atemorizado por el sentimiento de pecado y el rigor del castigo.

La edificación de construcciones tanto religiosas como sagradas tenía por objetivo convertirse en símbolo de Dios. La planificación del edificio comenzaba con la toma de medidas y para ello se empleaba la utilización de cuerdas, con las que se formaban triángulos y cuadrados que servían para disponer de forma proporcional los templos o algunos de los elementos que los configurarían. Aunque no eran evidentemente de alta precisión, ayudaban cuando menos a disponer de una dimensión, la horizontal, reflejo de la que más tarde y a escala se convertiría en el edificio.

---

[1] "Con la arquitectura sagrada, los seres humanos intentan acercarse a lo divino creando un lugar especial en que mantener ese contacto tan poderoso y preciado". C. Humphrey. P. Vitebsky. *Debate*. Círculo de Lectores, 1.997

La construcción se divide en tres niveles: "cognicio in exteribus", "cognicio in interibus" y, finalmente, "cognicio in superibus".

El primero de ellos es la relación existente entre los objetos que se hallan fuera del ser humano y que se encuentran ordenados y clasificados por mandato divino. Es entonces cuando interviene la arquitectura con su propio lenguaje, con los sistemas constructivos y ornamentales, para convertirse en algo estético y a la vez comprensible para el hombre.

El segundo concepto o nivel trata de la razón, lo racional, ya que todo cuanto existe posee en su interior la Chispa Divina. Por consiguiente, si el hombre forma parte de lo existente, poseerá la capacidad para realizar obras que representen a esa naturaleza manifestada. Así es como a la arquitectura se la define como " Natura Artificialis".

Finalmente, el tercer concepto tiene relación con el símbolo, que transmite la idea de estructura organizada de un modo concreto; es decir, su finalidad no es solamente la de comprender la obra de Dios, sino la de entenderlo a Él y constituir lo que podría llamarse una naturaleza alternativa, con la pretensión de alcanzar a la divinidad a través de los símbolos por ella representados. Se trataría pues de un "Itininerarium mentis in Deum".

Un espacio es considerado sagrado cuando posee particularidades y características que le diferencian de los demás y existe en él una fuerte presencia espiritual ligada a lo que se ha dado en llamar Geografía Sagrada.

Todos los pueblos, desde la noche de los tiempos hasta la actualidad, han poseído el concepto de un centro primordial del que todo surge. Montañas, cavernas, bosques, árboles, lagos o manantiales, son para distintas culturas formas simbólicas de este Centro o Eje del mundo, que han convertido en un "Axis Mundi".

Todo el Universo es, al mismo tiempo, una entidad espiritual, un ser anímico y con corporeidad manifestada; fuera de él nada existe. El edificio sagrado posee unas pautas en su elaboración que representan las estructuras y el orden existentes en el Cosmos. Es entonces cuando la arquitectura del templo, al ser una representación del Universo, se convierte en una "Imago Mundi".

Este centro, en el que se produce esa comunicación con lo divino, no depende de las dimensiones del edificio, sino de su configuración. Desde la ermita más humilde, hasta la catedral más impresionante.

La figura con un libro abierto puede representar en una primera lectura
los evangelios, pero también que el lugar es favorable para
la adquisición de conocimientos.

El templo cristiano medieval acostumbra a ser una cruz rebatida en el plano y orientada según los cuatro puntos cardinales. Esta cruz es el despliegue de un cubo (seis caras) que marca las seis direcciones del espacio, al igual que los seis días de la creación, equivalentes a un tiempo sagrado.

La relación que poseían estas construcciones con los puntos cardinales, los cuatro elementos y su orientación con respecto a las constelaciones formaba con el diseño zodiacal un conjunto indivisible. Por aquel tiempo, Astrología y Astronomía eran una misma ciencia y llegaban a la conclusión de que si todo se encuentra bajo los designios de Dios, en consecuencia, los astros se moverán según leyes divinas. La importancia de los astros resultaba evidente para el hombre de la Edad Media, convencido de que estos guiaban sus acciones.

En aquella época, era muy importante la entrada de la primavera, cuando hacía su aparición el signo de Aries, que era el tiempo de la Pasión de Jesús el Cristo, según el calendario litúrgico. Por ello, en numerosas construcciones pueden observarse las imágenes de un carnero en lo alto de bóvedas, baptisterios, capiteles, tejados o campanarios. Tengamos presente que la constelación de Aries es una de las más claras del firmamento y es observable a simple vista. No es de extrañar, por tanto, que numerosas iglesias y catedrales estén orientadas hacia constelaciones, con lo que se indica el orden del Universo en estas edificaciones dirigidas al Arquitecto supremo.

Las construcciones medievales son fieles exponentes de las formas de pensamiento de la época. Dios, creador del universo, es ante todo orden y le corresponde a la arquitectura la capacidad de representar dicho orden a través de las proporciones y las matemáticas de la geometría.

Desde un principio, el Cristianismo tuvo que elegir entre las dos corrientes artísticas que confluían en aquel tiempo. De una parte existía la corriente helenística, que no concebía la divinidad sino que la esculpía para darle forma, y, por otra, la judía, que era fundamentalmente anicónica, es decir, contraria a las imágenes. La disyuntiva se resolvió al buscar un simbolismo indirecto que fuese más allá de la apariencia representada. Así fue como apareció, por ejemplo, además de una fauna auténtica, real, que en ocasiones representaba a la autóctona, otra de aspecto desbordante de fantasía, híbrida o más bien monstruosa.

El románico es tal vez uno de los estilos en los que más abundan las representaciones de animales. Una fauna casi infinita desfila ante los ojos de aquel que contempla capiteles, metopas, canecillos y todos aquellos elementos arquitectónicos que son considerados como ornamentales.

Es entonces cuando los gremios artesanales de los maestros constructores entran en escena y ofrecen al buscador de verdades trascendentes las claves necesarias para adquirir saberes y conocimientos vetados para la época[2].

Aquellos que participan en su realización lo hacen conscientes de la existencia de una doble lectura: la primera va dirigida al pueblo llano, la segunda a los iniciados. Con la primera, el clero asegura su poder temporal y espiritual, que se consagra únicamente en las enseñanzas religiosas. La segunda, secreta, permite a los hermetistas leer en la piedra esculpida los arcanos de la Gran Obra Alquímica.

Para una inmensa mayoría, la simplicidad en la interpretación era suficiente para poseer conceptos básicos como vicio y virtud, o pecado y castigo. Pero más allá se hallan claves que tan sólo unos pocos sabían descifrar. Desgraciadamente, con el tiempo, muchos símbolos vieron cómo iba cambiando su significado, hasta que algunos de ellos, que en un principio fueron de signo positivo, llegaron a convertirse en negativos.

Era necesario poseer un conocimiento preciso de los símbolos y de su correcto significado, así como un sincretismo que pudiera aglutinar principios y leyes más allá de corrientes filosóficas o religiosas, pero había siempre que ocultar estos conocimientos universales para no transgredir la aparente ortodoxia de su obra. La Iglesia, poder supremo, no podía admitir enseñanzas que no fuesen las transmitidas por ella. Cualquier otra, por trascendente que fuera, tenía o bien un origen pagano, o bien uno demoníaco.

Hay que observar con detenimiento las obras realizadas por estas hermandades de constructores y quitarles esa leve capa de barniz cristianizante para levantar un poco el velo de Isis y ver más allá de lo aparente. Sólo así podremos conectar con la esencia del mensaje y penetrar en el mundo de la Gnosis, del conocimiento no revelado que se adquiere sólo con esfuerzo.

---

2 "A través de los tiempos, el templo ha sido depositario de la tradición esotérica. En el templo, y únicamente en el templo, podía hallarse el conocimiento de los misterios". John M. Lundquist. *El Templo*. Debate. 1996

Otra variante de lo citado anteriormente.
La imagen corresponde a Santa María la Real do Sar,
en Santiago de Compostela, Galicia.

Lo citado anteriormente no ha sido tan sólo una breve exposición de los conceptos y las ideas que motivaron la construcción de estos edificios en la Edad Media, sino que también ha pretendido ofrecer el contexto en el que se desarrollaron. Tener una idea general de cuál era la mentalidad de aquellas gentes nos permitirá un acercamiento más preciso sobre la que podía poseer la Orden del Temple.

Si la astrología, la alquimia y otros conceptos tradicionales estaban vigentes, tendremos ya algunas bases para emprender esa búsqueda en pos de esas posibles huellas templarias.

Maestros constructores. Historia, mito y leyenda

El mito fundacional de los maestros constructores se retrotrae a la época del rey Salomón. El monarca tenía que llevar a cabo la promesa que hizo a su padre, el rey David, de erigir un templo para mayor gloria de Yahvé. Pero Salomón tuvo que acudir al rey de Tiro, puesto que en su reino, Israel, no existían constructores con la maestría necesaria para llevar a cabo dicho proyecto.

El rey de Tiro mandó a su maestro de obras, Irma o Adonhiram, según las versiones. Este formó a los distintos gremios de profesionales, que tardaron siete años en la construcción del Templo de Salomón.

Donde finaliza el retrato bíblico comienza la leyenda del maestro Hiram. El maestro otorgó la palabra de paso o contraseña a aquellos que obtenían el grado de maestros en su especialidad y se convertían en perfectos artesanos. Se cuenta que tres de entre ellos no alcanzaron este grado y, furiosos, decidieron por la fuerza conocer esas palabras de paso. El maestro Hiram, al negarse ante tal petición, fue muerto por sus tres discípulos.

Hoterfut golpeó con su nivel a Hiram en el pórtico de Oriente. Stechin le golpeó con una regla en la puerta de Occidente y el tercero, Holem, golpeó al maestro con un mazo en la puerta Sur.

Los restos del maestro Hiram fueron enterrados por separado: su cuerpo en una parte, sus hábitos en otra y finalmente su vara, símbolo de su mando, en otra. Dice la tradición que una rama de acacia, árbol considerado sagrado por la masonería, surgió de cada fosa para permitir así recuperar sus despojos y su "abacus".

Esta leyenda es semejante a aquella perteneciente al mito isiaco en la que se recuerda cómo la hermana y a la vez esposa de Osiris recorre tierras del Mediterráneo en busca de los restos de su cuerpo esparcidos por el traidor Set.

A partir de aquí, el seguimiento histórico resulta indeterminado y confuso. Cuando empieza a recuperarse el hilo conductor en la existencia de estos gremios artesanales nos encontramos en pleno siglo XI y especialmente en el siglo XII. Es en este periodo cuando se produce un renacimiento medieval. Las fraternidades constructoras, la realeza y la Iglesia emprenden programas arquitectónicos. Lamentablemente, pronto surgen desavenencias entre las autoridades y los gremios artesanales, que coinciden con la creciente degradación que se observa en el seno de la Iglesia y la aparición de una nobleza cada vez más pujante. Así es como dichos gremios buscarán un acercamiento a las órdenes religioso– militares y será precisamente la Orden del Temple la que dará cobijo a estos artesanos, a los que protegerá de los abusos de la nobleza y de la Iglesia.

Son conocidas tres corrientes tradicionales de gremios artesanales. Los Hijos del Padre Soubise, que estaban bajo la protección de la Orden Benedictina, los cuales construyeron los mejores monumentos románicos. Los Hijos del Maestro Jacques, corriente que tal vez impulsó las catedrales de Chartres, Amiens y Reims, así como la impronta que dejarían a lo largo del camino de peregrinación a Santiago.

Cuenta la tradición que el maestro Jacques, nacido en una pequeña localidad del Midi francés denominada Carte, la actual Saint–Romilly, fue hijo del maestro de obras Jacquin, que alcanzó el grado de maestro tras sus viajes a Egipto, Grecia y Jerusalén, donde habría realizado las dos columnas del Templo de Salomón, una de las cuales es denominada la columna de Jacquin.

Finalmente está la corriente conocida como los Hijos de Salomón, cercana a la Orden del Cister y en consecuencia a la Orden del Temple. Esa rama gremial ha sido considerada la impulsora del Estilo Gótico. Tras la disolución de los templarios en el siglo XIV, estos constructores pasaron a la clandestinidad y se tiene la sospecha de que algunos de ellos se integraron en la francmasonería, origen de la masonería moderna.

Miniatura del siglo XIII en el que un maestro constructor
supervisa el corte de los sillares.

A principios del siglo XII, los canteros y albañiles no habían dejado de ser obreros, pero en cambio habían conquistado libertades y empezaban a organizarse. Consiguieron el derecho a tener su logia, es decir, un lugar a cubierto en el que trabajar y guarecerse de las inclemencias del tiempo y en el que poder celebrar sus asambleas en privado.

Pronto empezaron a experimentar un sentido de dignidad, incluso de orgullo, al reconocer la importancia de su oficio. Terminaron por formar una auténtica hermandad y con ella se organizaron.

A mediados del siglo XII, la logia de los constructores se convirtió en escuela con biblioteca y archivo para la conservación de planos, ya que hasta aquel momento eran inexistentes. El Gótico, con su extraordinaria complejidad, vino a complicar su trabajo y fue necesaria su confección.

Cuando un cantero itinerante les visitaba, describía los edificios en los que había trabajado, así como aquellos que había observado en su camino. Les enseñaba bocetos y dibujos y les contaba sus técnicas constructivas. Las logias se ocupaban de hacer copias y de distribuirlas entre ellas.

Cuando llegaba un viajero, daba tres golpes en la puerta principal, la abría y gritaba: "¿Trabajan aquí constructores?". Después la cerraba y aguardaba. Los que estaban dentro se quitaban el mandil, se ponían el jubón, se calaban el gorro y se aprestaban a recibir al huésped en el comedor o en el salón. Uno de ellos tomaba un cincel como símbolo de bienvenida y salía a recibirle. Se intercambiaban saludos, se daban un apretón de manos y, si consideraba que todo estaba en regla, entonces era admitido. A finales del Medioevo, las logias también servían de posadas, bancos y caballerizas para sus propios hermanos. Con el fin de reconocerse entre ellos y evitar que nadie pudiera hacerse con sus conocimientos crearon complicados ritos y convirtieron su oficio en secreto.

Para ingresar en los gremios medievales se precisaban determinados requisitos y largos periodos de formación, tanto profesional como intelectual. Se pasaba del grado de "aprendiz" hasta ascender al de "oficial". Tras duro trabajo y perfeccionamiento, y después de demostrar sus cualidades y aptitudes ante las más altas jerarquías de la logia, se recibía el tan anhelado título de maestro y se era considerado en aquel momento como un "Compañero". Comenzaba entonces un largo peregrinaje que podía durar largos años, incluso toda una vida,

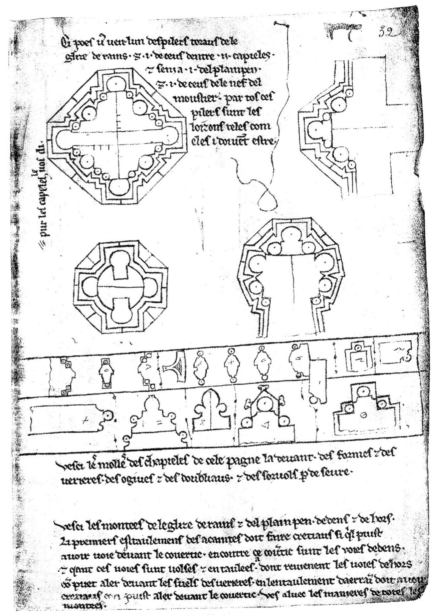

Planos de diferentes molduras, del dossier de dibujos de
Villard de Honnecourt, S. XIII.
(Nicola Coldstreau. *Constructores y Escultores*. Ed. Akal: p.34).

en pos de nuevos conocimientos que se adquirían con las obras de otros compañeros constructores[3].

Ser compañero era toda una filosofía y un comportamiento de vida. Lo importante era la obra a realizar para la posteridad y no la fama o el protagonismo. Por esta razón, la mayoría vivieron en el más completo y absoluto anonimato y se desconoce en la mayoría de casos quiénes eran. Son escasísimas las biografías que pueden consultarse al respecto, ya que la aparición de un nombre no es prueba de autenticidad, pues presumiblemente dicho nombre sea en realidad iniciático. Cabe añadir incluso que un mismo nombre podía ser utilizado por varios compañeros por tratarse de un nombre tradicional de oficio.

MARCAS DE CANTERO

Los signos lapidarios que aparecen en los sillares de los edificios están íntimamente ligados a las logias de los canteros medievales. Los especialistas todavía no se han puesto de acuerdo sobre cuál podía ser su finalidad. Para algunos eran simplemente marcas que responsabilizaran a los artesanos en el cumplimiento de su trabajo y en el cobro de su salario, en cambio para otros serían signos relacionados con la astrología, la alquimia o la magia, o incluso pertenecientes a viejos alfabetos masónicos que pueden observarse en antiguos edificios egipcios, romanos y griegos. Sea como fuere, estas marcas de cantero siguen ofreciendo motivos más que suficientes para continuar la investigación[4].

---

[3] "Por las especiales características de su actividad, sus desplazamientos eran abundantes, debiendo trabajar en distintos lugares. Por eso, desde muy temprano, se les concedió libertad de movimientos en un mundo donde la fijación a la tierra era obligada para cualquier persona perteneciente al tercer orden". (La sociedad feudal había girado en torno a tres órdenes o clases sociales: el clero, la nobleza y los siervos). Así el papa Bonifacio IV, ya en el año 614, otorgó a los canteros ciertos privilegios que "les liberaban de todos los estatutos locales, edictos reales o cualquier otra obligación impuesta a los habitantes de los países donde fueran a vivir". José Antonio Martínez Prades. *Los Canteros Medievales*. Akal Ediciones. 1998.

[4] "A estos signos, estudiados desde el siglo XIX, se les dio en principio una interpretación relacionada con la astrología, la alquimia o la magia, o se les creía pertenecientes a antiguos alfabetos masónicos. Pero pronto surgió otra teoría interpretativa, apoyada por grandes investigadores y figuras de la talla de Viollet-le-Duc (1813-1879), arquitecto romántico y restaurador de numerosos edificios medievales franceses; estos consideraban los signos lapidarios como las simples firmas de los canteros que construyeron los edificios, e incluso el erudito y arquitecto modernista Puig i Cadafalch (1867-1956) añadió, junto a otros estudiosos, que eran colocados para que los canteros se responsabilizaran de su trabajo y poder además el maestro contabilizar el número de piezas que realizaba cada operario". (J. A. Martínez Prades)

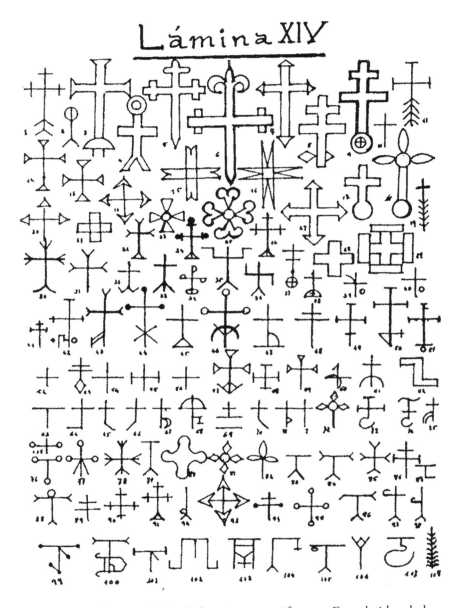

Clasificación de Joan Touls de los signos cruciformes. Esto da idea de la
multiplicidad y variedad de las numerosas marcas de cantero.
(Página 35, *Los Canteros Medievales*, José Antonio Martínez Prades).

En una ocasiones se presentan de forma simple y, en otras, de manera mucho más compleja. Desde letras del alfabeto hasta inscripciones difícilmente descifrables. Existen dibujos geométricos, símbolos astronómicos y de vez en cuando aparece el "magíster", bastón del Maestro de constructores.

Allí donde se encuentren estos signos se puede afirmar que no han sido simples obreros los que han construido esa ermita, aquella iglesia o catedral. Han sido, sin temor a equivocarnos, los "Compañeros". Ajeno al mundo de los símbolos y su significado, el mundo moderno no nos permite dilucidar el misterio que encierran estas formas que están transmitiendo unas claves que desconocemos. Las fraternidades de constructores medievales nos han legado auténticos mensajes pétreos cuyos símbolos representan un lenguaje propio que no sabemos interpretar.

Generalmente estas marcas de cantería son de escasa profundidad y su tamaño oscila alrededor de los diez centímetros. Esa escasa profundidad ha sido la causante de que muchas de ellas hayan desaparecido ante ese afán de muchas administraciones por "restaurar" el patrimonio local, con lo que realizan auténticas barbaridades.

Existen otras marcas más complejas que llegan a medir hasta treinta centímetros. Aparentemente, esas marcas de cantero no parecen seguir un orden establecido. Unas veces se encuentran reunidas en un mismo bloque de piedra y otras dispersas por todo el edificio.

Tampoco guardan un orden de orientación: una letra puede aparecer correctamente o bien cabeza abajo, inclinada o tumbada. Su disposición no parece seguir ninguna lógica, al menos aparente. Este hecho lleva a muchos interesados, entre los que me cuento, a sospechar que no sería mera casualidad el que algunas marcas que se repiten en distintos edificios indicaran un camino o una zona especial.

Un buen ejemplo podemos encontrarlo en el Principado de Asturias, concretamente en la Colegiata de San Pedro de Teverga, en la que dichas marcas, a pesar de hallarse muy deterioradas, pueden verse en un mismo bloque: varias cruces y la letra A repetida dos veces. En otra piedra labrada se observan una cruz en su centro y abajo, a la izquierda, un símbolo irreconocible acompañado a su derecha por la letra R, repetida dos veces también. Finalmente, en otro bloque puede verse en su parte superior derecha de nuevo la letra R y, en el centro de dicho bloque, un cincelado de forma triangular en el que todavía se distingue un ser alado, tal vez un ángel, en cuya base aparece un supuesto nombre. Sus letras son las siguientes:

La figura de la cruz es una de las marcas compañeriles más utilizadas.
La que está aquí recuerda la luz patriarcal.

Las aves represrentan el pensamiento y el alma. En la iglesia de Cubells,
en Lleida, puede verse una abundante iconografía dedicada a las aves.
En la parte superior resaltan las conocidas aves afrontadas.

En la iglesia de Abamia, en Cangas de Onís, puede verse en su parte inferior a la izquierda otro rostro del que sale una inmensa hoja de su boca, y en la arquivolta decorada a un pecador que se cuece dentro de una caldera en el fuego del infierno.

A. N (?). G. - - R (?). V. Y. (?) Z.

En San Pedro de Villanueva, en Cangas de Onís, existe una serie de marcas formada por distintas letras. Unas del derecho, otras oblicuas y las restantes cabeza abajo. La mayoría de ellas son P y R repetidas, excepto en la girola, en que aparecen repetidas las B, que siguen las mismas pautas, es decir, del derecho y del revés.

Buscaremos por otras iglesias con la esperanza de encontrar de nuevo las mismas letras y nos trasladaremos hasta la iglesia de San Pedro de Arrojo, en el concejo de Quirós, donde aparecerán de nuevo y con cierta profusión. Por si fuera poco, en el concejo de Villaviciosa, en San Juan de Amandi, vuelven a aparecer, pero esta vez acompañadas por otras marcas más complejas como una M mayúscula inscrita en una cruz, una X que recuerda al crismón y que se encuentra entre dos líneas paralelas y algunas N, que, una vez más, se hallan cinceladas del derecho y del revés. Las letras que más proliferan son las B y las N.

Si situamos en el mapa de Asturias estas iglesias y las unimos con una línea obtendremos un recorrido que, partiendo de las cercanías de la costa oriental, pasa por la zona centro oriental para finalizar en la zona centro del Principado. Estas construcciones que son poseedoras de esa letra B, convertida en una constante, tal vez están indicando que nos hallamos frente a un grupo itinerante. Esta posible ruta, que se halla muy próxima al conocido Camino de Santiago, no puede ser considerada meramente casual.

Resulta altamente curioso comprobar cómo gran cantidad de esas marcas de cantero son semejantes, o incluso iguales, a los grabados rupestres de los petroglifos gallegos que se encuentran esparcidos principalmente en las cercanías de la costa. Este excelente muestrario puede completarse con aquellas que se hallan en las islas Canarias, en las inscripciones rúnicas de los países Escandinavos o con las de los conocidos *tifanagh* del norte de África[5].

Queda mucho camino por recorrer y muchas visitas que realizar, pero no cabe duda de que existen pequeños detalles que no parecen

---

[5] La Gliptografía es una nueva ciencia que estudia los dibujos y grabados sobre piedra. "Su principal área de estudio es, sin duda, el análisis de las marcas de cantero, quizá por ser las más abundantes y estar más directamente relacionadas con la arquitectura medieval y ligadas a la actividad de las logias de canteros, las cuales se pueden estudiar desde varios puntos de vista: histórico, social, técnico organizativo, etc.". (J. A. Martínez Prades).

tener importancia en un principio pero que son suficientes como para sospechar que aquellos gremios de artesanos y constructores dejaron tras de sí indicios y señales para todos los buscadores de conocimientos, más allá de lo establecido por la ortodoxia de la Iglesia.

Capítulo 3

Simbolismo

El deseo de peregrinar hacia otras realidades en pos de conocimientos trascendentes nos llevará a tomar contacto con el mundo de los arquetipos y de los mitos a través del mundo de los símbolos.

Al profundizar en su estudio, comprobaremos cómo todas las culturas tienen una simbología que las caracteriza. A pesar de poseer su propia personalidad, pronto constataremos que todas ellas tienen bases más o menos comunes con las que estructuran sus mensajes y conocimientos.

El símbolo se utiliza para la transmisión de conocimientos y contiene, a la vez que supera, el ámbito de lo puramente analítico, distintivo y racional. Posee tres características que le otorgan su sello de identidad. Es analógico, sintético y polisémico.

Es analógico porque establece una comunicación directa y proporcional entre los distintos niveles de existencia en la Naturaleza y el Universo. Es sintético porque el mensaje que contiene está relacionado con el Todo desde un punto de vista global y unitivo, y no como la suma de sus partes. Y es polisémico porque permite distintos niveles de lectura cada vez más profundos, pero sus significados dependerán de la comprensión y de las capacidades del observador.

Sello templario con la imagen del
símbolo gnóstico y la inscripción "Secretum Templi".

El símbolo se distingue del signo en que este es el resultado de una convención arbitraria que no aporta al sujeto una dinámica emocional, imaginativa, intelectiva o analítica.

Un signo de tráfico, una cifra, una letra o una nota musical sólo son indicativos de un tipo concreto de lenguaje característico, con particularidades propias, que poseen una medida exacta dentro del contexto al que pertenecen. En cambio, el símbolo tiene ese dinamismo que predispone a la creatividad y a la imaginación para desentrañar el mensaje y alcanzar una interpretación global y lo más profunda posible del mismo. El símbolo es infinitamente sugestivo; cada cual ve en él aquello que sus capacidades le permiten.

El signo es concreto, el símbolo trascendente.

La comprensión de un símbolo se efectúa a través de una lectura interior, personal y profunda de la Realidad, como consecuencia de la identificación entre el sujeto conocedor y el objeto reconocido.

La Simbología utiliza elementos de la Naturaleza o del Cosmos como medios para transmitir los conocimientos que encierra y hacer comprensible su mensaje: montañas, cavernas, piedras consideradas sagradas, Diosa de la tierra, Madre Tierra, Gaia; el Sol, la Luna, la estrellas; Árbol de la Ciencia del Bien y del Mal, Árbol Cósmico; serpientes, dragones, leones, pájaros, lobos, carneros, etc... Rosas, espinas, bellotas, granos, elementos vegetales, etc... Flora y Fauna pueden observarse en la mayor parte de la simbología alquímica y en los saberes iniciáticos de todos los tiempos. Cada religión, filosofía o grupo iniciático posee su propia simbología.

Un símbolo posee el mismo efecto que produce la contemplación de una película. Cada cual interpreta su mensaje según su carácter, personalidad y nivel de comprensión. En ocasiones, al preguntar a distintas personas sobre un mismo film, tendremos la impresión de que cada una de ellas a visionado una película distinta. La observación de un símbolo produce los mismos efectos y resultados que los de la película.

El símbolo tiene su razón de ser en el instante en que el individuo se relaciona con él y se convierte, por así decirlo, en el centro de ese universo de claves, conocimientos y conceptos[6].

---

[6] "Las grandes verdades, que no pueden ser en modo alguno comunicables o transmisibles por ningún otro modo, se hacen tales hasta cierto punto cuando van, si puede decirse, arropadas de símbolos que, sin duda, despistarán a muchos, pero que las revelarán con total claridad a los ojos de los que saben ver." René Guénon. *Símbolos fundamentales de la Ciencia Sagrada.* Paidós,1.995".

Abraxas gnóstico: cabeza de gallo,
cuerpo humano y piernas de serpiente.

Todo este universo se articula alrededor y con respecto a este centro, ya sea sólo un individuo, varios o bien una colectividad. A veces, los símbolos que para unos son considerados como trascendentes o incluso sagrados para otros, en cambio, no tienen ningún sentido. Esta falta de comprensión hacia uno o más símbolos es motivada por el desconocimiento de los elementos que lo componen y por su representación y significado.

Si el observador supiera reconocer dichos elementos en su justa medida y precisión no quedaría indiferente ante el símbolo. Dicho en otras palabras, cuando se poseen suficientes conocimientos sobre simbología puede recibirse el mensaje general de cualquier símbolo, aunque este pertenezca a una cultura distinta de la suya y esté alejada en el espacio y en el tiempo.

Verdades universales son representadas por símbolos universales comprensibles para el ser humano. Ya indicamos que todo gira en torno a la capacidad del observador para captar el mensaje, que unas veces sólo será una parte del mismo y otras la globalidad de las claves que contiene. Los símbolos multidimensionales expresan por sí mismos, en ocasiones, una bipolaridad, como cielo-tierra, espacio-tiempo, inmanente-trascendente, etc.

Si el mundo de los símbolos es extraordinariamente complejo y precisa de un arduo estudio para su comprensión, no lo es menos descubrir cómo muchos símbolos han perdido su esencia primitiva con el discurrir del tiempo. En unas ocasiones ha sido a causa de la ruptura en la cadena de la tradición oral existente desde la más remota antigüedad. Otras veces los motivos han sido los intereses partidistas, que han transformado la esencia del símbolo, como es el caso de la imagen de la serpiente, uno de los símbolos universales por excelencia que más adelante veremos.

Para finalizar, recordemos una de las definiciones que tal vez describa mejor el significado del símbolo. Nos la ofrece René Guenón: "expresión sensible de una idea", es decir, a través de él, la idea que contiene se hace comprensible. Por su parte, Mircea Eliade, en su "Tratado de Historia de las Religiones", indica: "Si el Todo se puede apreciar contenido en un fragmento es porque cada fragmento repite al Todo".

Ofrecer una lista exhaustiva de la numerosa y compleja simbología del románico excedería con mucho este apartado, pero un breve reco-

A partir del siglo X, se añaden nuevas imágenes deaspecto monstruoso, fantástico, híbridos de varios animales.

Detalle del elemnto aire presente. Las aves represntan el pensameinto, el alma.
Su presencia, como es abundante.

rrido por los aspectos más relevantes de sus imágenes será necesario para tener una visión global de sus principales significados.

La Iglesia, al buscar protección sobre posibles agresiones externas e intentar evitar los problemas internos como disidencias y herejías, buscó soluciones en otras religiones de signo mistérico, como la de Isis o Mitra.

El bestiario del románico se convierte así en representación de vicios y virtudes y deriva hacia una simbología religioso–moral. El artista que confecciona dichas imágenes se halla sumergido en un mundo en el que todo gira alrededor de la Revelación y de la obra de Dios. En ocasiones, estas imágenes pierden su carácter simbólico y son utilizadas simplemente para llenar unos espacios con finalidad decorativa. Este hecho complica más, si cabe, el ya de por sí complejo mundo de los símbolos.

A partir del siglo X aparecen nuevas imágenes que vienen a engrosar las ya existentes. Se muestran bajo un aspecto monstruoso o fantástico. Estas figuras están formadas por la unión de varios animales e incluyen a veces partes humanas.

Ortodoxia y heterodoxia

Este complejo universo del símbolo y sus significados vendrá a dificultar el intento por desentrañar la diferenciación entre el mensaje estipulado por la ortodoxia cristiana y los otros significados y claves que subyacen más allá de la lectura oficial.

El conocimiento de estas diferencias y su particular iconografía permiten encontrar los parámetros y las pautas necesarias para saber distinguir la importancia que posee una ermita o una iglesia. Ello nos ofrece la posibilidad de reconocer aquellos enclaves o asentamientos cuyas características estarán indicando que son especiales. Desgraciadamente, no siempre encontraremos una *cruz paté* o un símbolo utilizado por el Temple que pueda indicarnos que el edificio le perteneció.

Las aves poseen una gran importancia simbólica como motivo ornamental. En el antiguo Egipto, Ka, que era la representación del alma, pasó a otras culturas. En el Corán las aves simbolizan el destino y también la inmortalidad del alma. Estas representan la imaginación, el pensamiento y el elemento aire.

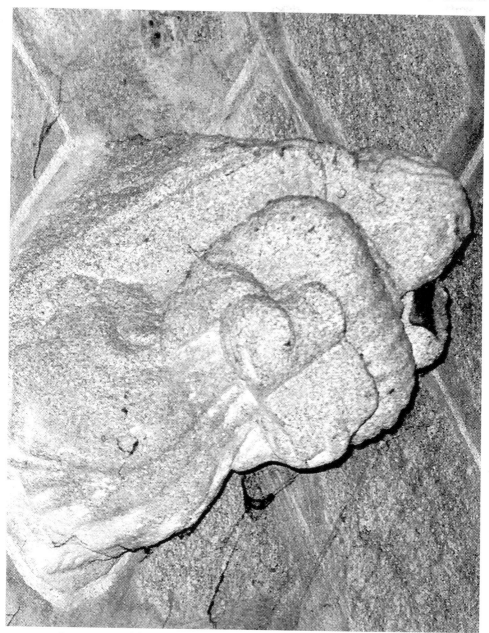

Imagen con libro abierto. Para algunos se trata de los evangelios,
para otros, el libro de la sabiduría.

En un capitel de la cámara santa de la Catedral de Oviedo (Asturias) se ve a un guerrero luchando con un grifo.

En una religión de signo solar como la cristiana, en ocasiones se identifica al fiel con el pájaro cuyo vuelo se dirige hacia Dios. Ya en el arte paleocristiano, el Espíritu Santo se identificó con la imagen de la paloma, representación que perdura en nuestros días.

A pesar de que las aves son representadas de muchas maneras, la más frecuentes es la de las aves afrontadas. Esta simetría oriental, recibida por los visigodos a través de Bizancio, es tema corriente en el Prerrománico, que más tarde pasaría a formar parte del Románico. Aves que en principio son ornamentales poseen un significado de dualidad que se complementa en sus opuestos. Dualidad que, con insistencia, nos recuerda la afinidad que poseían los templarios con dicho significado: su estandarte es el *beausseant*, compuesto por los colores blanco y negro; monjes y guerreros, religiosos y militares, etc.

Lo que parece ser una simple escena de supervivencia animal, como es el caso de un ave que se cierne sobre un animal terrestre, se convierte en un significado mucho más profundo cuando está representando al espíritu (concepto celeste) que alcanza a la materia (concepto terrestre o material) y la anima, la da vida para poder manifestarse.

La figuras de un santo, un monje o incluso la de una mujer que lleva entre sus manos un libro abierto significan lo revelado, la inspiración divina en este libro arquetípico. Pero en otras ocasiones, simbolizarán que dichas figuras se encuentran en un lugar especialmente favorable para adquirir conocimientos. Si además esta imágenes se repiten pero ahora el libro permanece cerrado, entonces será señal de que la importancia del mensaje deberá permanecer secreta, personal e intransferible.

Es importante observar con detenimiento la posibilidad de que existan imágenes o figuras repetidas y también el entorno en que se encuentran. Como en el caso del libro, a veces esa intencionalidad será sustituida por un rostro con los ojos abiertos que, en otro lugar, encontraremos de nuevo con los ojos cerrados. Se nos estará indicando que el mensaje debe ser interiorizado y que será necesario meditar su contenido. Lo mismo sucede cuando se contempla, y acontece muy a menudo, un rostro del que salen elementos vegetales por la boca. El mensaje es secreto y debe guardarse.

No es fácil, nada lo es si lo que pretendemos es desvelar estos mensajes pétreos que los gremios de artesanos medievales dejaron para

San Juan de Priorio, en Oviedo, ofrece claramente la imagen del tetramorfo: león, buey y hombre.

la posteridad. Somos aprendices y lamentablemente no tenemos a nuestro lado al maestro que guíe nuestros pasos.

Moneda corriente será la contemplación de lo que se ha dado en llamar el Tetramorfo, representado por cuatro animales: león, buey, hombre y águila, que simbolizan respectivamente, la nobleza, la fortaleza, la sabiduría y la elevación de todo lo creado, atributos divinos que, más tarde, San Ireneo identificará con la difusión del Evangelio a los cuatro puntos cardinales, a las cuatro esquinas del mundo. En esta interpretación cada animal asume la representación de cada uno de los evangelistas.

Siguiendo con el mundo de las aves, el ave Fénix es tal vez una de las más conocidas. Procedente del antiguo Egipto, es adoptada por el cristianismo como símbolo de Resurrección y tiene su contrario en el Basilisco, de origen oriental, que tiene la cabeza coronada, patas de gallo, cola de serpiente y se convierte en imagen de lo pecaminoso.

El gallo, símbolo solar que anuncia la salida del astro rey, representa la resurrección de Cristo y en la Alquimia evoca al mercurio. De procedencia Gnóstica, aparece en uno de los sellos de los caballeros templarios, con pies en forma de serpiente, junto a la siguiente inscripción: "Secretum Templi".

Imagen demoníaca en el Palacio del Obispo
Xelmírez de Santiago de Compostela.

En la iconografía del románico existen aves con patas de pezuña y monstruosas cabezas, generalmente afrontadas, cuyos cuerpos se encuentran enredados entre ramajes. Si consideramos las pezuñas como de caprino y asumimos el hecho de que están atrapadas en elementos vegetales, posiblemente representaban el alma (el ave) del hombre pecador, atrapado (ramajes) por sus pecados.

En casi todos los conjuntos arquitectónicos suele aparecer una imagen de signo negativo. Se trata de la Arpía, cuya configuración está compuesta por una cabeza generalmente femenina, cuerpo de ave, garras o pezuñas y cola de serpiente. Como la mayoría de seres fantásticos, las arpías son manifestaciones de la maldad. Esos modelos se repiten a lo largo del Románico con muchas variantes, producto de la creatividad e imaginación de los artistas.

Existen algunas imágenes cuyas propiedades son ambivalentes. Una de ellas es la figura del *centauro*, muy utilizada. Heredado de la mitología clásica, es signo de las pasiones, de brutalidad y de su instigador, el demonio. A veces, cuando lleva arco, dirige las flechas hacia el cielo de forma provocadora. Si está representado en la caza de un ciervo, un pájaro o un hombre simboliza cuando el mal está tentando el alma.

Santa María de la Oliva ofrece una imagen que representa el ave (el alma)
que desciende hasta la materia (el conejo) para darle vida.

Esta imagen de signo negativo o maléfico se convierte en signo contrario cuando sus flechas van dirigidas a animales de significado negativo. Entonces se vuelve positivo por su lucha contra vicios y pecados. Junto a la figura de Sagitario simboliza los ciclos temporales que son precisos para que el ser humano se redima.

Si efectuamos un salto en la rica iconografía del Medioevo llegamos hasta la no menos conocida imagen del *grifo*, representado desde un principio por dos de los animales más importantes: el águila y el león. Su imagen estuvo unida a diversas culturas, como la caldea, cuya figura tenía cabeza y cuerpo de león, patas y cola de águila. Entre los asirios, poseía cabeza y alas de águila y cuerpo de león, una imagen adoptada por los griegos que se convirtió en clásica.

Guardián de las puertas de las ciudades, los tesoros y las tumbas, su simbolismo fue por lo general de signo positivo y era uno de los escasos seres híbridos que no solían tener un significado maléfico. Únicamente en el caso de que poseyera un pico de depredador y garras pasaría a ser símbolo de Satán.

Son numerosas las ocasiones en que encontraremos la figura de un guerrero que lucha contra un grifo representado bajo aspectos distintos. De nuevo ortodoxia y heterodoxia parecen batallar, al igual que el caballero con cota de mallas, por dar el significado exacto de aquello que está representando el conjunto.

De entre las distintas versiones destacamos las siguientes: una versión moral nos indica que se trata de la representación de la lucha del creyente contra las tentaciones del pecado. Otra, tal vez más profunda y esotérica, es la del esfuerzo para vencer a las pasiones y deseos personales que impiden nuestro crecimiento. Una lucha consigo mismo. Y la tercera, la alquímica, en la que el operador de la Gran Obra precisa de escudo y protección para evitar posibles peligros en la manipulación de las materias que pretende transmutar.

Los vegetales también poseen distintas lecturas en cuanto a sus distintos significados. El hecho de que unos árboles tengan hojas caducas y otros tengan hojas perennes los convierten en representativos de finitud, materialidad y muerte, y también de inmortalidad y eternidad, respectivamente.

Entre estos elementos del reino vegetal encontramos un árbol con cuatro raíces que representa a los cuatro ríos del Árbol de la Vida. Y otro con cinco, al Árbol del Bien y del Mal. En la iglesia templaria de la Veracruz, de Segovia, o en la de San Baudelio, de Berlanga, puede verse una columna central que se abre en forma de palmera cuyas hojas se convierten en las nervaduras de la bóveda. No cabe duda de que el Temple conocía perfectamente que estas formas arquitectónicas no tenían simplemente una función ornamental.

El significado alquímico también está presente cuando se observan las ramas de un árbol seco. Para Fulcanelli, el árbol seco es el símbolo de la fundición de los metales; la separación de los minerales que lo constituyen, que es la separación del binomio alma–espíritu, proceso de disgregación de los elementos separados del Todo, del llamado "Spíritus Mundi". Separar para de nuevo integrar en sucesivas operaciones conocidas con el famoso "Solve et Coagula". A imagen y semejanza del hombre, que regenerado de sus defectos e imperfecciones, renace a un estado superior de conciencia.

Generalmente, las formas vegetales rodean o enmarcan figuras humanas o de animales. Las espinas, por ejemplo, representan el principio o la etapa de un camino lleno de dificultades, si lo que se desea es alcanzar un conocimiento personal e iniciático.

La mayoría de frutos poseen un simbolismo hermético. La encina, considerada sagrada, da como fruto la bellota y esta, junto con la castaña, simboliza el Huevo Filosófico. Higos, granadas o piñas se utilizan como sinónimo de la bellota y son el trabajo hermético que disuelve y coagula el conocimiento.

Finalizamos con la también conocida flor de Lys, sinónimo de pureza y virginidad; elemento simbólico tomado de Egipto, en que representó la resurrección y la vida, además de ser el atributo del dios Horus. La Biblia indica que esa flor formaba parte de los ornamentos de los capiteles en el palacio de Salomón. En Alquimia, y según Fulcanelli, simboliza el Azufre filosofal.

Son muchos los estudiosos que opinan que dicha flor ha sido una transformación del signo utilizado por los maestros constructores, que no es otro que el de la Pata de Oca, símbolo de Melusina, la diosa de pies palmípedos que más tarde se convertiría en símbolo de la realeza.

No podemos finalizar este apartado sin ofrecer la historia de uno de los signos más emblemáticos de la Historia, que ha sido citado en varias ocasiones. Nos referimos naturalmente a la serpiente.

A la serpiente se la ha considerado guardadora o custodia ancestral de tesoros escondidos o, lo que es lo mismo, de conocimientos y sabe-

En el mundo de lo simbólico, enocntraremos en ocasiones una figura barbuda que con una o dos manos agarra su barba en señal de conocimiento, o como contraseña para aquel que sepa el significado de su gesto. Si añadimos además otra figura que eleva sus brazos con una aureola de santo o de iluminación sentada sobre una flor de loto de clara influencia or oriental, nos hallaremos frente a señales indicadoras de que el lugar es especial.

Puente de ka Reina. Se ven pájaros afrontados y en la segunda arquivolta, una piña, símbolo hermético del trabajo.

En la segunda arquivolta pueden apreciarse
hojas caducas y perennes: mortales e inmoratles.

res ocultos. Representa también el renacimiento del iniciado que, con su muerte simbólica y su renacimiento, se asemeja al cambio de piel que el ofidio efectúa cada primavera[7].

Este reptil no siempre simboliza la vigilancia de un tesoro material, también representa un conocimiento oculto y esotérico para aquel que sepa arrebatárselo. Cabe recordar que en las antiguas culturas mediterráneas la serpiente era portadora de saberes, como en el caso de Egipto cuyo faraón la llevaba en su tocado como símbolo de poder y sabiduría. También los héroes míticos de distintas culturas han estado siempre vinculados con la serpiente. Desde las sacerdotisas de Creta, que son representadas con serpientes en las muñecas, hasta los gnósticos, que veían en el reptil al liberador de las prohibiciones del Demiurgo.

Ladón, otra serpiente, custodiaba las manzanas de oro del Jardín de las Hespérides y fue muerta por Hércules para poder robarlas. Gilgamesh, héroe babilónico, sufre el hurto de la hierba de la eterna juventud por una serpiente.

Si tratamos el tema simbólico de este ofidio no podemos olvidar el famoso y conocido *Caduceo de Hermes*, adoptado por el médico Asclepio, signo de conocimiento y sabiduría. O Apolo, que vence a Pitón y construye sobre su guarida el templo de Delfos, y la serpiente Fafnir, que es vencida por el Héroe germánico Sigurd, el cual se baña en su sangre y adquiere la sabiduría. En todas estas representaciones simbólicas hay que incluir la letra "S", cuando esta se convierte en un signo serpentario en representación de conocimientos ocultos.

Siglos más tarde, la Iglesia, con intereses de todo tipo, convierte este símbolo ancestral en maléfico y demoníaco. A partir de aquel instante, el hermano de la serpiente, el dragón, también es considerado negativo. Más tarde irán apareciendo con los años toda una serie de variopintas vírgenes, en estilos y colores, cuya misión celestial será la de pisar la cabeza del animal. De nuevo reaparece la representación de lo

---

[7] Existe un conocido sello de la Orden del Temple cuya figura central está compuesta por la cabeza de un gallo, un cuerpo humano y piernas de serpiente. El gallo, salutación al sol naciente, símbolo solar, y las piernas de serpiente, el conocimiento, pertenecen al Abraxas Gnóstico. Además, aparece en dicho sello la inscripción: "Secretum Templi". Posiblemente, la falta de nitidez de este sello, que casi siempre es reproducción de otros, ha llevado a algunos autores a presentarlo como una de las pruebas de la estancia de la Orden en América y han citado dicha figura como si se tratara de la imagen de un indígena, es decir, un amerindio.

bueno sobre lo malo, de la virtud sobre el pecado y de lo positivo sobre lo negativo[8].

Unos pocos grupos considerados ocultistas, luciferinos, esotéricos o iniciáticos consideran que la verdad siempre se falsea, sin importar el color de quien ostente el poder. Para dichos grupos minoritarios, estas representaciones, como las de los conocidos relucientes caballeros que matan al dragón, son los símbolos de la intolerancia, del pensamiento único y de todos aquellos que obsesivamente no permiten la existencia del libre pensador. En resumen, estas imágenes, al igual que las del Románico, que son ambivalentes, poseen un doble significado, en este caso el del poder establecido, que no permite que el conocimiento y la sabiduría lleguen hasta el más humilde de los mortales para convertirle en un ser libre. Alguien dijo hace siglos: "La verdad os hará libres", y lo saben.

---

[8] *Significado positivo*: Existen animales que habitualmente simbolizan lo positivo o las virtudes, como el unicornio, la paloma, la abeja, el ciervo, el león y el elefante. Precisamente ese paquidermo, animal exótico para el hombre occidental que vimos en las localidades de Cubells y Agramunt, en la provincia de Lleida, representa la bondad y la clemencia. También el perro es la fidelidad y el cisne la pureza.
Significado negativo: Si la edad Media destaca principalmente por poseer una cultura eminentemente agrícola y volcada a todo lo que se refiere a la naturaleza, el agua limpia y cristalina y todo cuanto vive en ella serán positivos. En cambio, los seres que viven en aguas sucias y estancadas serán negativos. La bondad es el orden, la maldad, el caos. Los animales más próximos a la tierra, es decir, aquellos de signo fundamentalmente telúrico o negativo, contrastan con los seres aéreos, volátiles, mucho más cercanos a la religión cristiana de signo celeste y solar. En numerosos canecillos podremos ver otra imagen negativa, como la del mono, que representará al pecado, la malicia, la embriaguez, así como a Satán, llamado "el mono de Dios".

CAPÍTULO 4

TRABAJO DE CAMPO

La investigación de campo, que consideramos tan importante como la búsqueda por archivos y bibliotecas, no siempre se ve acompañada por la comprensión administrativa. Si por casualidad nuestra visita coincide con algún evento religioso tendremos mayores posibilidades para llevar a cabo nuestro objetivo. Lamentablemente, en la mayoría de casos, ermitas e iglesias están cerradas al público y es necesario efectuar una labor de "búsqueda y captura", en el mejor de los sentidos, del sacerdote o del responsable de turno que tenga a bien permitirnos la visita. Poco importa el interés que mostremos por el tema, así como tampoco la posible vehemencia de nuestros argumentos. Todo dependerá del carácter y la personalidad de quien tenga que concedernos la autorización deseada.

A veces, incluso habrá que esperar un par de días para recibir la "bendición" de algún que otro arzobispado a fin de poder acceder a tal o cual ermita, como sucedió hace ya algún tiempo. Somos conscientes de que el continuado expolio de obras de arte y la falta de respeto hacia nuestro patrimonio conducen a este tipo de situaciones. En definitiva, el trabajo de campo precisa de grandes dosis de paciencia y voluntad para conseguir algunas veces unos pocos frutos. De todos modos, cuando cierto día tenemos la certeza de haber encontrado algo de inte-

Iglesia de Cubells, en Lleida, donde aparece
la imagen de un elefante.

rés el esfuerzo realizado se ve recompensado con creces. Una de las premisas indispensables para iniciar una investigación es la de obtener un mínimo de información respecto al lugar que se desea estudiar.

Unos pocos conocimientos sobre su historia, costumbres, folclore, tradiciones y el entorno del territorio resultarán básicamente necesarios. En numerosas ocasiones podremos comprobar, no sin cierta sorpresa, cómo las obras consultadas sobre la Historia del Arte y los monográficos dedicados a estilos concretos están indicándonos que muchos de los motivos ornamentales de capillas, ermitas o iglesias son representaciones de la flora y la fauna de la zona en la época en que se construyó dicha edificación. Es entonces cuando puede comprobarse cómo en canecillos, capiteles y arquivoltas se hallan representados elementos vegetales y un amplio bestiario que no se corresponden con las exposiciones académicas.

Cuando aparecen esas piezas que no encajan, y en consecuencia surgen las preguntas que se derivan de ellas, despertarán la curiosidad del buscador en una clara invitación para que este se formule conjeturas e hipótesis al respecto, que le conducirán, a veces, a la realización de interesantes trabajos de investigación.

Una zona boscosa difícilmente será el lugar idóneo para el cultivo de la vid, ello es evidente. Pero cuando se observan hojas de parra o incluso uvas en una fábrica cercana, entonces tendremos que recurrir al mundo de los símbolos si deseamos encontrar respuestas. Cuando, por ejemplo, en la provincia de Lleida, y concretamente en la localidad de Cubells, puede contemplarse a un elefante en una de las arquivoltas del pórtico, la sorpresa y la perplejidad se hacen patentes. Si además a escasos kilómetros, en Agramunt, de nuevo aparece dicha imagen, entonces sólo cabe la posibilidad de que el paquidermo esté ahí, no por casualidad, sino porque pretenda indicarnos posiblemente con su presencia un mensaje que desconocemos.

Una de las bases para este tipo de investigación es la localización de topónimos que posean las características afines a los asentamientos de la Orden. Un ejemplo de ello es el término *espina*.

En el simbolismo medieval uno de los signos que veremos con cierta asiduidad es el de la espina. La espina o el rosal designaba algo oculto o bien era el punto de partida para alcanzar un enclave trascendente, mágico, cuyas propiedades pueden transformar a quien lo alcanza. Es el principio o etapa de un peregrinaje iniciático, con todos los peligros y sufrimientos que el adepto tiene que superar si desea alcanzar un conocimiento personal y secreto, es decir, intransferible.

Nuevamente aparece un paquidermo. En esta ocasión,
en la localidad de Agramunt, también en la provincia de Lleida
y a escasos kilómetros de Cubells.

Esos enclaves especiales eran señalados por una toponimia "espinosa", como Espino, Espinosa, Rosal, Ortigosa, etc. Cuando el espino florece da rosas y sus espinas defienden a la flor, o sea, al Conocimiento. Hay que apartar las espinas para llegar al lirio o a la rosa. La Rosa del Conocimiento se alcanza a través de las espinas sangrantes de aquellos que la alcanzaron.

El autor Louis Charpentier ya indicó en su momento que muchos de los enclaves templarios se hallaban situados en las proximidades de localidades cuyo topónimo tenía como referencia a la espina. Epinay, L´epinay, Epinac son claros ejemplos.

En alquimia, las espinas forman una corona trenzada alrededor del corazón llameante del que nacen el lirio de siete flores y también la rosa. El Corazón Radiante se halla detrás de la espina.

Recordemos que Cristo es coronado de espinas y que en el Cantar de los Cantares encontramos: "Soy la rosa de Sharon, igual que un lirio entre espinas...". La propia Virgen, en las letanías, es calificada como "Lirium Inter Spinas ", el lirio entre espinas, y si seguimos con la simbología cristiana podremos observar una espina trenzada que corona y rodea al Sagrado Corazón.

Salvo excepciones, se ha comprobado cómo la Orden del Temple establecía sus encomiendas y asentamientos dos a dos, lo que recuerda esa famosa dualidad que se convertía en una constante.

Otro ejemplo de este inmenso rompecabezas aparece cuando una guía del Románico está indicándonos que una pequeña ermita de los siglos XII–XIII posee en su pórtico de entrada el relieve de un florero, que en realidad se trata de la representación de un cáliz o Graal del que surgen unas líneas que simbolizan el Agua de Vida, es decir, el Renacimiento. Estas otras realidades estarán aguardando al caminante que posea una visión distinta y una comprensión más profunda de lo meramente aparente.

Estas son tan sólo pequeñas anécdotas y unos pocos ejemplos de la tarea que se nos presenta si deseamos encontrar indicios que sirvan de base para la posible localización de enclaves especiales que puedan desvelarnos si poseen alguna relación con el Temple. Sabemos de antemano que no todas las ermitas o iglesias tendrán el simbolismo necesario en nuestra búsqueda para que puedan ofrecernos las pistas e indicios que precisamos. En cambio, otras nos presentarán una iconografía probatoria, o cuando menos sospechosa, de una posible presencia templaria.

Capítulo 5

Un problema de cruces

Actualmente, todavía persiste cierta confusión sobre las distintas cruces utilizadas por la Orden del Temple. Sesudos investigadores aún no se han puesto de acuerdo en el modo de identificar dichas cruces sin posibilidad de error.

Ese pasado misterioso que suele rodear a los templarios se hace evidente cuando se intenta averiguar si una cruz perteneció al Temple. Esa búsqueda llega a ser irritante cuando se comprueba el uso de distintos símbolos crucíferos. La identificación de esta insignia distintiva permitiría a los estudiosos reconocer construcciones y edificios que, atribuidos al Temple, no están suficientemente documentados, especialmente cuando existieron otras órdenes que se adjudicaron de forma fraudulenta su propiedad.

La cruz se convirtió en insignia de la Orden años después de su creación. En 1146, el Papa Eugenio III, a instancias de San Bernardo de Claraval, aprobó que los templarios llevasen en sus capas una cruz roja sobre el hombro izquierdo. Lamentablemente, el Papa olvidó indicar la forma de aquella cruz.

Este hecho produjo confusiones, como que la Orden Teutónica, a imagen del Temple, llevara también capas blancas. Fue entonces cuando se acudió al Patriarca de Jerusalén y al Papa, quienes dictami-

Cruz griega.

naron, en 1210, que ambas órdenes podían hacer uso de la capa blanca, pero sería negra la cruz de los caballeros teutones y roja la del Temple. De nuevo no se hizo mención a su forma, ya que esta no era la base del litigio.

Desde un principio, y antes de que se "oficializara" esa cruz, la Orden ya hacía uso de una de doble brazo conocida como la Cruz Patriarcal. Más tarde, los templarios utilizarían indistintamente un abanico de cruces al mismo tiempo, hecho que ha dificultado las investigaciones.

Para evitar nuevas confusiones entre las distintas órdenes y los cruzados que batallaban en Tierra Santa, se estableció finalmente un código de color que quedó estipulado con el rojo para los templarios, negro para los teutónicos, blanco para los sanjuanistas (hospitalarios) y verde para los lazaristas. Una vez más, sus formas respectivas no fueron especificadas.

Las cruces más utilizadas por la Orden del Temple fueron básicamente cuatro: la cruz griega (de brazos iguales), la paté o pateada (ensanchada en los extremos), la Patriarcal (de doble brazo) y, finalmente, la más escasa, la TAU (parecida al ANK egipcio, pero sin el círculo superior).

La griega y la paté fueron de uso más corriente y pueden observarse en iglesias, pinturas murales, en sellos de la Orden y en las tumbas de los caballeros. La TAU, de uso mucho más restringido, se cree que diferenciaba a los miembros normales de la Orden de aquellos que pertenecían a altas jerarquías. Esta cruz podía así mismo ser indicativo de asentamientos o enclaves que por su situación geográfica eran considerados de especial importancia.

Hay que tener en cuenta que la presencia de una TAU no estará forzosamente indicando que nos encontramos ante un asentamiento del Temple. San Antonio Abad, que predicó por tierras del norte de África, luce sobre la sarga de su hábito azul la TAU que adoptaron los antonianos y que la Orden del Temple utilizó en contadas ocasiones. Es menester saber de antemano si en las proximidades del edificio, o incluso en la región en que se halla, hubo un convento o monasterio que hubiera pertenecido a dichos monjes. El desconocimiento de tal hecho conduciría a una inevitable confusión.

Las cruces paté y griega se encuentran acompañadas en ocasiones por símbolos lunares y solares; también por estrellas de ocho puntas.

Cruz flordesilada.

Finalmente, existió la llamada "Cruz de las Ocho Beatitudes", adoptada durante el maestrazgo de Robert de Craon y conocida también como la de Malta. Fue utilizada por los sanjuanistas tras la desaparición del Temple y sirvió de base al alfabeto secreto utilizado en numerosos documentos, algunos de los cuales se conservan en la Biblioteca Nacional de París.

Esa cruz del Temple llamada paté, que es la más conocida de todas, también denominada cruz celta por su semejanza con las que se hallan en tierras irlandesas, se presenta generalmente con la latina de brazos iguales, inscrita dentro de un círculo que evoca el disco solar en algunos edificios que se cree pertenecieron al Temple.

Esta serie de cruces puede contemplarse en los muros exteriores de las iglesias, así como en los interiores. A veces, situadas en lo alto de columnas o bien en rincones del enlosado del suelo, obligan a poseer buenas dotes de observación para descubrir su ubicación. Otras cruces, menos evidentes y mucho más pequeñas, se encuentran en los lugares más insospechados, como si, ocultadas adrede, quisieran decirnos en voz baja: "estuvimos aquí...".

Altar de la iglesia de santo Adriano de Tuñón.

La existencia de esta variedad de cruces puede comprobarse, por ejemplo, en San Vicente de la Barquera, en Cantabria, o en Iria Flavia, en Galicia, interesantes enclaves que visitaremos más adelante.

Finalmente, otra cruz de gran valor simbólico es la Cruz Patriarcal o "Lignum Crucis". Cuando los caballeros del Temple eligen una cruz para sus relicarios no adoptan la cruz griega, la latina o la de influencia celta como sería lo natural, sino que toman un nuevo tipo de cruz, la de los cristianos de oriente: la cruz patriarcal de doble brazo. Esa cruz, conocida en Francia como la cruz de Lorena y en España denominada de Caravaca, será utilizada como distintivo personal de las altas jerarquías y como objeto de culto.

Algunas desaparecieron lamentablemente, como las cruces patriarcales de Maderuelo, en Segovia; Villamuriel de Cerrato y Villalcázar de Sirga, en Palencia; Alfambra, en Teruel, y Artajona y Torres del Río, en Navarra, pero quedaron en la memoria de la tradición popular.

Las conservadas en la actualidad se encuentran en las localidades de: Astorga, en cuya catedral se halla la de Ponferrada; Bagá (Barcelona), en la iglesia de San Esteban; Murrugaren (Navarra), que se conserva en Estella; Miraflores, en Segovia, guardada en Zamarramala; Zamora, en la catedral de la capital, procedente tal vez de alguna de las iglesias que el Temple poseyó en la ciudad; Valencia, custodiada en la catedral y procedente de la desaparecida iglesia de Nuestra Señora del Temple y, finalmente, tal vez la más conocida de todas: la de Caravaca, en Murcia, que es una reproducción de la desaparecida allá por los años treinta.

Todas estas cruces tienen en común el hecho de estar rodeadas por hechos inexplicables, curaciones milagrosas y fenómenos extraños que hacen de ellas protagonistas de mitos y leyendas.

CAPÍTULO 6

EL NOROESTE PENINSULAR, UNA PÁGINA CASI EN BLANCO

Hay ocasiones, como el caso que nos ocupa, en que cabe plantearse la duda de si los postulados académicos que han llegado a imponer un auto llamado racionalismo científico son los correctos: no hay documentos, por consiguiente los templarios no han existido.

No resulta fácil aceptar que el Temple, presente en la Historia de España y en cada una de sus comunidades, olvidara al Principado y que este se convertiría en una página en blanco dentro de la historia de la Orden. La presencia templaria en Asturias y su falta de información llevan a historiadores e investigadores a pasar de puntillas sobre tal posibilidad; sólo unos pocos rozan el tema e indican la falta de documentación acreditativa.

Insignes estudiosos han citado en sus obras esa tradición popular a la que siempre nos referimos, que recuerda la posible presencia templaria en Asturias. El presbítero Claudio Zardain en "Remembranzas de Antaño y Hogaño"; J. Uría Riu en el "Camino de Santiago"; Magín Berenguer en "Rutas de Asturias"; el propio Jovellanos en sus "Diarios"; F. Caella en su obra "Asturias"; Álvarez Fernández de Miranda en "Grado y su Concejo"; N. Trielles y Valldemoros en "Asturias Ilustrada". El propio Pedro Rodríguez de Campomanes cita a

Asturias y Galicia en su obra "Disertaciones", pero únicamente como ejemplo en la utilización del término "Privilegio", con el que eran redactados los documentos de la época. Lamentablemente no vuelve a citarse en todo el resto del libro, así como tampoco en el voluminoso Apéndice que lo acompaña. A pesar de todo, creo de gran interés que se mencione al Temple y los "Privilegios" que poseían en el Principado[9].

La presencia templaria en Asturias sigue siendo insegura y nunca bien documentada. El "se dice" y el "se cree" cuentan más que la existencia de documentos que avalen dicha presencia. El Principado, sin embargo, sigue siendo una tierra mágica en la que perviven tradiciones y cultos ancestrales que siempre ejercieron un poderoso atractivo para reencontrarse con la Tradición. Cuando el río de la tradición suena, es que agua histórica lleva. Frase del investigador Rafael Alarcón Herrera que define claramente la postura a tomar ante la falta de documentos.

Esta ausencia documental es debida a que los bienes de la Orden del Temple pasaron a manos de los Hospitalarios y de los Santiaguistas, quienes se ocuparon de borrar todo aquello que pudiera recordar la paternidad de sus propietarios. Así pues, las construcciones que realizó el Temple, o bien aquellas en las que se asentaron, han llegado hasta nuestros días deformadas por obras posteriores, debido a la destrucción intencionada, al paso del tiempo o al abandono. Ello dificulta de esta manera cualquier investigación. En cambio, las posesiones de sus "herederos" se hallan en bibliotecas y archivos comprobables con relativa facilidad, pero su situación e iconografía están reclamando la paternidad templaria.

Asturias, cuna del jacobeo

El interés que suscita en nuestro tiempo el camino medieval de Santiago, especialmente en los pueblos europeos, es realmente significativo. Libros, artículos, exposiciones y seminarios se organizan para efectuar estudios y promover peregrinaciones. Sin embargo, casi siempre, el primitivo camino, abundantemente sembrado de pruebas

---

[9] Pedro Rodríguez de Campomanes. "Disertaciones Históricas del Orden y Caballería de los Templarios". 1.747. Micro-forma A.S.T. C 167-14* Biblioteca Pública de Oviedo.

arqueológicas, documentos, tradiciones y un hondo sentido espiritual e iniciático, es silenciado.

Obviar esta parte de la Historia, sea por el motivo que sea, es faltar a la verdad de unos hechos que fueron los que formaron la propia esencia del Camino compostelano.

Así es como a partir del siglo XI el Principado de Asturias queda firmemente ligado al Sepulcro del Apóstol y se inicia no sólo el primer camino de Santiago, Jacobeo o de peregrinación, sino que además es el comienzo de Santiago como ciudad.

Primera peregrinación

Cuando llega la noticia del descubrimiento de la tumba del Apóstol a la corte asturiana, el rey Alfonso II, apodado el Casto, se pone inmediatamente en camino con toda su corte para venerar al Apóstol y dispone que el obispo Teodomiro, de Iria Flavia, la actual Padrón, traslade su sede a este santo lugar.

El monarca, según el modelo de su regia ciudad de Oviedo, expande Santiago como si quisiera hacer de ella una segunda capital de su reino. Réplica fiel de la ovetense, ambas ciudades presentan la misma disposición: Iglesia, Santuario, advocaciones a la Virgen y a San Juan Bautista, ciudad amurallada con siete puertas, acrópolis o Cimadevilla (por estar situada en la parte alta de la ciudad) y un monasterio en su zona oriental que, por su situación, recibió el nombre de Antealtares.

Esto se llevó a cabo gracias a la donación conocida como "de las tres millas", las cuales se establecían alrededor del Sepulcro y dieron origen al surgimiento de la ciudad Altomedieval.

Según la copia del documento Tumbo A. De Santiago, esta peregrinación llegó a Compostela en el mes de septiembre del año 829; la donación dice así: "Alfonso Rey, por este mandato de nuestra Serenidad damos, y concedemos a ti Santiago Apóstol, y a nuestro padre Teodomiro Obispo, tres millas de tierra alrededor del Sepulcro de Santiago Apóstol...". Y al final del documento: "...Yo Adefonso Rey confirmo esta mi donación...".

El descubrimiento de la lápida del obispo iriense Teodomiro, muerto en el 847 en Santiago, y siéndolo de Iria Flavia, es prueba evidente de la creciente importancia del lugar Santo Jacobeo. Si este hecho es en sí mismo importante, lo es todavía más cuando se observa, a la izquierda de la lauda de Teodomiro, la cruz de Alfonso II, lo que justifica la íntima relación asturiana.

Años más tarde, el rey Ordoño I, que reinó en Santiago antes que en Oviedo, hace donación en el año 858 de otras tres millas. Las tres del monarca, más las tres anteriores de Alfonso II. El texto dice lo siguiente: "Ordoño Rey a ti Padre Ataulfo Obispo te enviamos, por medio de esta nuestra orden, a nuestros hijos y servidores que van por reverencia y honor del Beatísimo Santiago Apóstol, nuestro Patrono y de toda España para confirmarte alrededor de la Iglesia de las Tres Millas que mi predecesor de grata memoria D. Alfonso El Casto, ofreció para honra del Santísimo Apóstol. Y yo como él añado, por mi alma y para gloria del citado Apóstol, otras tres millas para que sean seis completas, de forma que todo el pueblo que allí habitare, sirva a la Iglesia en la misma forma, que me había servido a mí y a mis antecesores. Escrita la carta el año 834 Ordoño Rey firma".

Los Martirologios de Floro, 838; Adón, 858; Usardo Notkero o autores como Flodoardo de Reims y Fulberto de Chartres, a los que se añaden los papas León IV, Juan IX y Juan X, contribuyen a la difusión de la noticia de la existencia del Sepulcro y a fomentar su peregrinación desde los puntos más distantes de Europa.

Según Fulberto de Chartres, "acuden a Santiago: armenios, apulios, griegos, dacios, frisios, anglos y francos". En aquel tiempo el centro de la cristiandad era Oviedo, desde el Finisterre hasta los Pirineos.

En los siglos VII y IX, ya existía una relación astur–carolingia que fue renovada hacia el año 798. Carlomagno consideraba al rey Alfonso II como personaje familiar y exigía ese trato "en las cartas y en las embajadas". (Vita Caroli). Antes del siglo XI, España ya era punto de entrada y salida de una cultura transpirenaica. Oviedo, fundada en el año 761, había abierto sus puertas a Europa y se había convertido en protagonista de aquel crisol de pueblos y culturas.

En la obra "Orígenes del español", R. Menéndez Pidal indica lo siguiente: "... primitivamente este Camino de Santiago o Francés pasaba por Álava y Asturias, para ir más a cubierto de las incursiones musulmanas... era entonces penosísimo, pues por temor a los moros iba en continuos altibajos a través de los valles de la costa de Álava y Asturias... pero a principios del siglo XI el rey sancho el Mayor lo mudó por Nájera a Braviesca, Amaya y Carrión, aprovechando una antigua vía romana...".

A comienzos del siglo IX existían en Asturias, según la tradición y la documentación disponible, una serie de monasterios y residencias inspirados en la famosa frase de "hospes fuiet collegistis Me": (Fui huésped y Me recibisteis).

Si tuviésemos que medir la tradicional hospitalidad asturiana por el número de monasterios existentes podríamos citar más de cien entre el año 829 y finales del siglo XI.

OTROS CAMINOS

A esta ruta primigenia la siguen otros caminos como el Lusitano, el de la Vía de la Plata y, al cabo de 250 años, el conocido Camino Francés, convertido en el más canalizador de los pueblos de Oriente. Fue a Alfonso III, el Magno, último rey de Asturias y primero de Galicia, al que el Camino Francés debe su trazado definitivo.

El monarca, hijo de Ordoño I, nacido y educado en Santiago, se casa con Amelina, conocida como la reina de los francos, "Regina Francorum". El rey, agradecido al Apóstol por sus bendiciones y la ayuda prestada en las guerras contra los árabes, ofrece diversas donaciones, como consta en la Historia Compostelana. En el año 874 regala junto a su esposa una cruz, réplica de la famosa Cruz de los Ángeles de Oviedo.

Los vaivenes producidos en la recuperación de tierras conquistadas a los musulmanes provocaron que se buscaran otras rutas alternativas más asequibles para la peregrinación que aquellas tierras norteñas llenas de dificultades. A finales del siglo XI las llanuras de León, ya liberado, ofrecen al caminante un acceso más fácil.

EL SIGLO XII

Suficientemente extendida la noticia de la aparición del Sepulcro del Apóstol por todo el orbe cristiano, y una vez desaparecido el peligro sarraceno, incluida la conquista de Toledo y el nacimiento de

Cluny, aparece a finales del siglo XI un gran movimiento de peregrinos en dirección a Compostela que obliga a efectuar mejoras en el camino.

Es el monarca Alfonso VI quien favorece para que este recorrido se convierta en mucho más fácil y manda reconstruir nuevos puentes que unan Logroño con Santiago: "Studuit facere omnes pontes qui sunt a Lucronio usque ad Sanctum Jacobum".

Hasta la fecha, fueron miles los peregrinos que tuvieron que soportar durante 250 años las dificultades del terreno, los inconvenientes de las altas montañas y los húmedos y profundos valles. Es así como se establece un nuevo camino, más cómodo, gracias a la intervención del monarca.

Según consta en el Códice Calixtino, se establece el Camino Interior, en Puente la Reina, ya en pleno siglo XII. Dicho códice en su primer capítulo nos indica lo siguiente: "De viis Sancti Jacobi" o "de los caminos de Santiago". E indica posteriormente: "cuatro son los caminos que, dirigiéndose a Santiago, se unen en Puente la Reina, formando uno sólo".

Se advierte claramente la precisión del autor al no afirmar que es entonces cuando surge el Camino, tal y como aseguran algunos, sino que confirma que existían cuatro y que ahora se unen en uno sólo.

El intento de presentar este camino como el primer itinerario o Camino de Santiago es un error. Este no es "el" Camino, sino "un" Camino, otro más, el cual, con los cuatro restantes y con los Lusitanos y Norteños, constituyen el Camino de Santiago.

La Cámara Santa

La peregrinación que se realizaba a la catedral de Oviedo para visitar la Cámara Santa y sus Reliquias era una prolongación de las realizadas al Monsacro, que trataremos más adelante.

Más tarde, al surgir la tumba del Apóstol y volcarse el monarca ovetense en el lugar Santo, y potenciar el Camino de Santiago, fueron muchos los peregrinos que ya no se dirigieron a Oviedo. Si a todo ello se añade que el Camino Interior resultaba más fácil y cómodo, las reliquias ovetenses se convirtieron en desconocidas para muchos. Esto motivó que numerosas personas considerasen que la peregrinación no era completa si no se pasaba a venerar al Salvador y a las Reliquias. De ahí surge en los diversos países, que no en España, la conocida estrofa:

"Quien va a Santiago
y no va al Salvador
visita al criado
y deja al señor"

O la más antigua, en francés arcaico:

"Qui a esté a Saint Jacques
et n´a esté a Saint Salvateur
a visité le serviteur
et a delaissé le seigneur"

O esta otra:

"Qui va a Santiago
e non va al Salvatore
visita el servo
e lascia il Signore"

En este tiempo surge igualmente el: "estar entre San Marcos y La Ponte". La frase está motivada por la duda entre continuar de León a Santiago, pasando por Astorga, o bien venir por el Salvador de Oviedo.

Viejos caminos de peregrinos, que bordean acantilados de aguas embravecidas, sirvieron de atalaya para otear desde la cercana Galicia "el mundo del más allá", situado en el horizonte del océano al que debían regresar las almas de los muertos para encontrarse con sus antepasados, sus héroes y sus dioses.

Rutas que conducían a ese "Finis Terrae" y que poseen todavía en numerosas localidades toponimias de origen impreciso relacionadas con la espina o lo espinoso, símbolo de la dificultad del camino y sus propiedades transformadoras para el peregrino. Espín, La Espina, Espinaredo, Puerto de la Espina, y Espinedo, son algunos ejemplos.

Enclaves mágicos que llevan inscritos indicios seculares donde se cuentan historias y leyendas sobre ríos y lagos encantados por la magia de las Xanas (brujas), o tesoros escondidos que son custodiados por la famosa serpiente alada, de clara influencia celta: el Cuélebre asturiano.

Un recorrido por tiempos prehistóricos en el que aguardan megalitos, mudo testimonio de antiguos ritos funerarios y religiosos, como el impresionante de Merillés o el de Cangas de Onís, sobre el que se edificó la capilla de la Santa Cruz.

Montes sagrados o sacralizados con antiguas tradiciones como el Monsacro o el Moniovis (Monte de Júpiter), bautizado con ese nombre por las legiones romanas, las cuales construyeron calzadas que más tarde se convertirán en caminos de peregrinaje que son conocidos como Camín Real.

Esparcidos por esa geografía, más de 250 castros, hábitats fortificados pertenecientes a los primeros asentamientos urbanos, nos han legado su cotidianidad, sus utensilios, sus adornos personales y sus creencias trascendentes.

Esta herencia milenaria, esa cultura autóctona que supo sobrevivir hasta nuestros días, puede contemplarse bajo la forma de círculos concéntricos, estrellas, cruces, trisqueles, soles radiantes, polisqueles, etc., que aparecen en hórreos, arcones y objetos diversos de la artesanía regional.

Estas huellas culturales que nos dejaron astures, cántabros, celtas y romanos siembran esa ruta asturiana con su presencia. Su recuerdo se ha perpetuado a lo largo de los siglos y se ha convertido en las raíces en las que se asienta su presente.

AL CÉSAR LO QUE ES DEL CÉSAR

El Camino de Santiago, que comenzaba en el año 829[10] y que posteriormente se va ampliando con el Camino del Interior, resultante de otros caminos anteriores, ha sido considerado con el tiempo como si se tratara del único. A quedado en el olvido lo que Asturias y sus monarcas habían originado y promocionado: el Santuario Composte-

---

10 El año 829 fue el de la "oficialización" del Camino, pero no el de su comienzo. La existencia de un pergamino en el Archivo de la Catedral de Oviedo, fechado el 8 de Julio del año 803, en el que se citan las fundaciones hospitalarias y las posadas que se levantaban en los lugares por donde pasaban los peregrinos, es prueba evidente de la existencia de rutas anteriores al 829. Pergamino Serie B-1, n°1, letra visigótica cursiva. 455x270mm. A.C.O.

lano, la aceptación del sepulcro aparecido, la primera iglesia, una segunda, además de monasterios y de otras iglesias.

Asturias, cuna y promotora del Camino Jacobeo, es la gran olvidada. Sin su aportación no tendríamos Camino del Interior. No es posible renunciar a unos derechos históricos y a un proceso cultural europeo.

Unos pocos folios no permiten exponer con la merecida extensión 250 años de la historia del Camino. Años que merecen ser conocidos por derecho propio.

Si la conquista de Granada comenzó con las escaramuzas cantábricas de los siglos VIII y IX, será de justicia reconocer que, sin los Alfonsos o los Ordoños, Sanchos y un largo etc., no se habría forjado ese peregrinaje que conocemos actualmente y que es parte fundamental en la historia compostelana.

Mientras los pueblos peregrinan y convierten a Santiago de Compostela en el mayor santuario de Occidente, no es de extrañar que la otra gran olvidada históricamente sea la Orden del Temple. ¿Acaso no fue fundada con la finalidad de proteger y custodiar los caminos que conducían a Tierra Santa? ¿No era el Camino de Santiago lo suficientemente importante? Si el Camino se convirtió en crisol de culturas y en su aspecto religioso y político influyó en la historia de la Edad Media, resulta difícil creer que el Temple estuviera ausente de estos acontecimientos y de aquellas tierras de santo peregrinaje.

EL GRAAL

El tema del *Graal* es de tal complejidad que el investigador se ve obligado forzosamente a zambullirse en el mundo de los Arquetipos y de la Simbología.

El mito del Graal ha llegado hasta nosotros gracias a las obras escritas en los siglos XII y XIII. Cuatro de ellas son básicas y forman el ciclo Artúrico y Graálico: "Le conte du Graal", de Chrétien de Troyes, en 1179; "L´histoire du Graal", de Robert de Boron, en 11; "El Perlesvaux", hacia 1200 y "El Perceval", de Wolfram von Eschenbach, en 1210. Esta última es quizás la más conocida.

En la versión francesa, el caballero que parte a la búsqueda del Graal es Perceval, mientras que en la inglesa es Galahad, hijo sin mácula de Lancelot. En ambas versiones quien halla el Santo Grial es conducido al cielo.

El músico alemán Richard Wagner transformó "El Perceval", de von Eschenbach, en el "Parsifal" de su drama musical mundialmente conocido. La aparición de este ideal caballeresco coincide con el auge del catarismo, la herejía albigense y el esplendor de la Orden del Temple. No olvidemos que el autor-trovador llama a los custodios del Graal, "Templeisen ", es decir, Templarios.

La obra de Robert de Boron es un claro ejemplo de la adaptación actualizada de antiguas leyendas. La lanza de las iniciaciones paganas pasa a ser la de Longinos, legionario romano que atravesó el costado de Jesús en la cruz. Al mismo tiempo, el cáliz, o vaso sagrado pasa a ser la escudilla en la que Jesús celebró la Pascua y en la que, por añadidura, José de Arimatea recogió la sangre divina. Boron deja a un lado las tradiciones celtas y acomoda episodios estrictamente cristianos, influenciado por el Cister.

Arquetipos, mitos, conceptos e ideas, cuando se ritualizan, precisan de un soporte material para " hacerse" visibles. Así nace la Simbología, para transmitir conocimientos y saberes que superan a la vez el ámbito de lo puramente analítico, distintivo y racional.

CONTENIDO ESOTÉRICO

Todas estas obras son de suma importancia en la literatura caballeresca medieval y encierran un contenido esotérico innegable. Las tribulaciones y las pruebas que deben superar los caballeros contienen de manera velada el proceso de su iniciación. Sus aventuras no pertenecen a un contingente histórico y se desarrollan en lugares geográficamente imposibles de determinar. Estas leyendas caballerescas son relatos de la búsqueda de la Verdad por parte del ser humano. Aquel que emprende esa búsqueda pertenece a la Caballería Terrenal y, una vez alcanzado su objetivo, pasa a pertenecer a la Caballería Celestial

El mito del Graal es uno de los más importantes, por no decir el más trascendente, pues incide directamente en el Universo Espiritual.

Según la saga Artúrica, el rey no murió. Vive todavía en su castillo de Avallon y cierto día volverá a manifestarse. La figura del rey es una de las diversas representaciones del "rey polar" o "rey del mundo" y conlleva la idea de "centro". El simbolismo de la tabla redonda es "solar" y "polar". Simboliza la redondez del mundo, el curso de los planetas y es el reflejo del Orden Cósmico, imagen del cielo que es representado en la tradición védica por el Dharma, es decir, la rueda.

El palacio del rey se halla construido en el "centro del mundo", al igual que la tradición nórdica tiene su Mitgard. Según algunos textos, gira sobre un punto central como la "Isla Blanca" de la tradición asiática, cuyo dios es Vishnú. Es allí donde gira la Svástica, al igual que la "Isla de Cristal" celta.

Los caballeros del rey Arturo, que son reclutados en todas las patrias, tienen una consigna común: "Quien sea jefe que sea puente". Según la antigua etimología. "Pontifex" significa el hacedor de puentes, es decir, aquel que establece el vínculo de unión entre las dos orillas, o sea, los dos mundos: el terrenal y el celestial.

Los caballeros que se reúnen alrededor de dicha mesa o tabla representan los signos zodiacales. Por tratarse de un lugar sagrado, dichos caballeros tendrán que anular su individualismo y todas aquellas propiedades específicamente humanas con las que se ensalza el "ego" personal.

En el castillo del Graal, la gran chimenea central del edificio simboliza la unión entre el Cielo y la Tierra como función simbólica y, en consecuencia, luminosa. Dicha chimenea se halla en el centro de una estancia cuadrada. Cabe recordar que tradicionalmente el cuadrado representa la condición humana, lo material, lo manifestado, en definitiva, la Tierra. Mientras que el círculo representado por la mesa corresponde a lo numinoso, a los estados suprahumanos, a lo trascendente, es decir, al Cielo.

Si trazamos un círculo inscrito dentro de un cuadrado, obtendremos la figura conocida como la cuadratura del círculo. Resumiendo: el palacio o castillo del Graal corresponde a una ciudadela celeste.

El Graal posee elementos de Oriente y Occidente y es común a todas las tradiciones. A pesar de que su origen continúa siendo desconocido, dicho mito lo hallamos en la tradición de los celtas, como el caldero de Keridwen. En la tradición iraní es llamado Haoma y en la persa Djenschyd. También en el budismo se nos cita la escudilla de limosnas, única propiedad de Siddharta Gautama, de la dinastía de los Sakyas, más conocido como Buda.

En la epopeya épica del "Mahabarata" se cita el cáliz de los Nagas. En la tradición islámica encontramos la piedra Kaaba y en el budismo tibetano, en su vertiente esotérica, Vajrayana, se cita la piedra de Chintamani, traída a lomos de un caballo llamado Lung-tha. En dicha tradición se cuenta que Chintamani ha sido fragmentada y enviada a distintos lugares del planeta y que permanece en contacto con el Centro Supremo de la legendaria Shambhala, donde residen los Boddisatwas (santos) y los Mahatmas (grandes almas), lo que nos recuerda al Avallum o Avallon del ciclo Artúrico

En la tradición hindú, el Graal corresponde al vaso sacrificial que contiene el Soma o bebida sagrada del antiguo ritual védico. Este recipiente contiene la sangre del dios viviente, de Agni, personificación del fuego sagrado, al igual que el Graal cristianizado contiene la sangre de Jesús inmolado. También hallamos su equivalente en el Taoísmo con su vaso llamado Kuanyin, que simboliza a la virgen celestial que encarna la Sabiduría, la Belleza y la Pureza. Esa fuerza universal que llena dicho cáliz es el Verbo Divino, el Logos, la Divina Luz que, según la Kabbalah, se conoce con el nombre de Shekinah y que en la Alquimia toma el nombre de Fohat, es decir, el fuego necesario para que el plomo se convierta simbólicamente en oro, o lo que es lo mismo, el hombre viejo que se convierte en un hombre nuevo, un iniciado. La materia bruta se transmuta en materia nueva.

Dicho recipiente también simboliza la Sophia de los gnósticos y representa a su vez la piedra caída del cielo o bien la esmeralda que según la leyenda cayó de la frente de Lucifer, que muchos interpretan como entidad negativa y maléfica, cuando en realidad, y según el Gnosticismo, se trataría del portador de Luz, portador del Conocimiento, o sea, el Iniciador.

Si tomamos el concepto Graálico como universal, su símbolo pertenecerá a la "Tradición Primordial", que los primeros cristianos denominaron "Revelación Primitiva" y que posteriormente los escolásticos medievales llamaron "Phiolosophia Perennis", es decir, fuente común de toda enseñanza trascendente que se ha sucedido en un tiempo determinado y en un lugar concreto.

El soporte físico ha estado representado indistintamente por la piedra, el vaso, el cáliz y otros objetos simbólicos. Tal vez este haya sido el motivo por el cual existan diferentes enfoques y estudios sobre dicho tema. Desde el académico erudito, pero falto de espíritu, y el romántico con divagaciones místicas, hasta el pseudo-esoterista que dogmatiza, pasando por aquellos que están influenciados por esa nueva moda llamada New Age.

Versiones del Mito

De las distintas versiones que se nos ofrecen de esta leyenda caballeresca, la más conocida es la cristianizada, que nos relata cómo José de Arimatea recogió la sangre de Jesús y la llevó a Glastonbury, en Gran Bretaña, hacia el año 64, donde la guardó en un castillo misterioso del cual sólo podía ser rescatada por un caballero de corazón puro.

La sede del Graal aparece siempre como una construcción fortificada, inaccesible, un centro Real, pero nunca como templo o capilla. Sólo con la posterior cristianización del mito se cita a uno de esos edificios. Por tanto, no es un centro de tipo religioso o incluso místico. Se trataría más bien del centro iniciático que conserva la herencia de la Tradición y como consecuencia sería un Centro Espiritual.

El Graal es el vínculo que une al Ser Humano con lo divino. Son las Bodas Reales o Nupcias Místicas de las que nos habla la Alquimia. Es la unión del Rey con la Reina, matrimonio sagrado de la mente con el espíritu. Es la unión espiritual del Caballero con su Dama, es lo que posteriormente sería cantado en los romances de los trovadores.

Se trata de la piedra angular del templo de la Sabiduría y la culminación de la gran obra que se trasmuta en el crisol del corazón. Encontrarlo representa para muchos alcanzar el final del camino iniciático, la aventura espiritual de la regeneración.

A menudo, este cáliz produce cierta confusión entre los investigadores a causa de su complejidad. En realidad el Graal posee dos conceptos básicos distintos pero complementarios. El cáliz o recipiente sería el continente físico y su contenido el Graal. La sangre de Jesús el Cristo, siempre en continuo fluir, simboliza su enseñanza y doctrina; el vaso que contiene dicha sangre sería su saber esotérico.

Sólo se puede alcanzar el Graal combatiendo y esa lucha se efectúa en el interior del buscador para alcanzar su ascesis personal. Es la Guerra Santa del Islam, la "Djihad", que, en su vertiente exotérica mal entendida, ha sido la causante de tanta sangre vertida. Es también la lucha del " Powa " o guerrero espiritual que busca la senda que le conducirá hasta Shambhala, citada en los textos esotéricos tibetanos.

Llegados a este punto cabe preguntarse si el Graal es una realidad o bien se trata tan sólo de un mito. Son ambas cosas a la vez. Los mitos narran la historia de nuestra búsqueda a través de las edades, búsqueda de la Verdad, del sentido de nuestra vida. Es el mundo mítico de los héroes. Prometeo, que toma el fuego de los dioses (el conocimiento) para ofrecérselo a los hombres. Jasón, que desafía al dragón (que simboliza el guardián de saberes ocultos al que hay que vencer) para apoderarse del Vellocino de Oro (Metal que, además de ser símbolo solar, también representa la Sabiduría) y los Caballeros de la Tabla Redonda, que persiguen su búsqueda graálica.

Función del Mito

Esos mitos nos revelan las potencialidades del ser humano. Nos enseñan a mirar hacia nuestro interior y a comprender el mensaje de los símbolos. Cuando el héroe se convierte en un modelo de vida para los demás podemos decir que ha entrado en el campo de la Mitología.

El Graal nos revela las potencialidades del ser humano. El psiquismo humano es el mismo en todas partes. Es la experiencia interior de todos los hombres. Es la exaltación del ideal de vivir plenamente esa vida que hay en cada uno de nosotros, la posibilidad de perfección y de expandir en toda plenitud la fuerza interior. En definitiva, el Graal simboliza el cumplimiento de las más altas potencialidades espirituales de la conciencia humana

El mito posee cuatro funciones. En principio, una función trascendente que nos hace comprender hasta qué punto el Universo es maravilloso y el respetuoso temor que ello provoca ante la fragilidad del ser humano. Con el mito descubrimos el misterio que se halla en el corazón de todas las cosas. En este momento, el Universo se convierte de alguna manera en una imagen sagrada y nuestra relación con él se torna trascendente gracias a un estado superior de conciencia.

La segunda función es la cósmica, de la cual se ocupa la Ciencia con la finalidad de revelarnos sus leyes. A pesar de que muchos tienden a pensar que los científicos tienen respuestas para todo, en el fondo no es así, pues la Ciencia va cambiando sus postulados con el tiempo.

Una tercera función es la social, que organiza y sostiene un cierto orden, y es precisamente en este punto donde los mitos varían de un país a otro.

Finalmente, tenemos la cuarta función del mito que consideramos la más interesante, pues es pedagógica y es aquella que nos enseña a vivir nuestra experiencia humana en toda circunstancia.

El psiquismo humano es esencialmente el mismo en todas partes. Es la experiencia interior de todos los hombres. Los mismos órganos, los mismos instintos, los mismos conflictos, los mismos temores y las mismas preguntas. De este terreno común nació lo que Carl Gustav Jung llamó Arquetipos. Ideas elementales o ideas de base. Se trata, en definitiva, de todo aquello que emerge desde lo más profundo del Ser.

La diferencia existente entre los Arquetipos del inconsciente, según Jung, y los complejos de Freud reside en que las primeras manifestaciones son comunes a todos los hombres y en cambio el inconsciente freudiano es el conjunto de experiencias traumatizantes que el individuo va acumulando a lo largo de su vida. El inconsciente freudiano es personal y pertenece a lo que podría llamarse la biografía del individuo.

Ese peregrinaje graálico conducirá al buscador a la Montaña sagrada, en cuya cima se halla la fuente de la Espiritualidad del Ser Humano, de cuyo manantial fluyen las enseñanzas esotéricas de todos los tiempos que atrapan al Hombre cuando son convertidas por este en religión.

Es en esta cima donde el caminante gozará de la Luz del Conocimiento, que compartirá con otros buscadores que habrán llegado hasta ella por otros caminos. Habrá encontrado su Graal, que en realidad ya poseía cuando emprendió su búsqueda.

Tal vez lo expuesto anteriormente haya resultado excesivo en extensión pero la importancia del mito, que aparece con fuerza en la Edad Media de la mano de la Orden del Temple, se hacía merecedora de una atención especial. Precisamente, mi deseo por encontrar pistas e indicios sobre tan apasionante tema me llevó hasta tierras supuestamente templarias en el Noroeste peninsular, a pesar de la falta casi absoluta de documentación al respecto.

Hay ocasiones, como en el caso que nos ocupa, en que cabe plantearse la duda de si esa falta documental puede ser excusa o pretexto para obviar una investigación. La tradición, que no la Historia, ha demostrado a través de los años como esta tenía razón. Es necesario dar un mínimo de crédito, o por lo menos el beneficio de la duda, a la investigación de campo mientras no se demuestre que el estudio realizado sea erróneo.

Iniciemos pues este largo peregrinaje en pos de las huellas del Temple y deseemos que nuestra andadura esté acompañada por la invisible sombra de aquellos monjes guerreros para que guíen nuestros pasos.

Griales asturianos

Parres

Mi interés por el apasionante tema del Santo Grial me ha llevado, y no en pocas ocasiones, a la búsqueda de una posible señal que estuviera indicándome que me hallaba ante un enclave especial. Tuvo que pasar mucho tiempo para que la fortuna me fuese favorable, para llegar a encontrar este mítico símbolo del Medioevo. Esto aconteció hace años en el Principado de Asturias.

Esa búsqueda me llevó hasta el concejo de Parres, cuya capital, Arriondas, situada entre los ríos Piloña y Sella, fue considerada uno de los principales centros para la pesca del salmón y la trucha, sin olvidar que la fiesta de Les Piragües se ha convertido con el tiempo en la gran cita internacional conocida como el Descenso del Sella.

En Parres todavía perduran esos mitos típicamente asturianos como el del Nuberu, el Trasgu, el Diablo Burllón o la Güestia, donde también la magia y los encantamientos van de la mano de las famosas Xanas y de los Cuélebres, en un crisol de elementales, duendecillos, brujas y hechiceras.

Por dicho concejo pasaba uno de los caminos de peregrinación a Santiago, que se unía en Siero con el procedente de la costa, seguía hasta San Salvador de Oviedo para continuar hasta Compostela. Parres posee además los yacimientos prehistóricos de la cueva de Taragañu y la de San Andrés y, por su proximidad con el concejo de Cangas de Onís, con las cuevas del Buxu, los Azules, Trepando y el Cuélebre, con el dolmen de Santa cruz, sobre el cual se edificó una iglesia, con estelas funerarias y calzadas romanas, sin olvidar el importante monasterio benedictino de San Pedro de Villanueva y el famoso enclave de Covadonga, tendremos con todo ello elementos y requisitos para comprobar el "modus operandi"que la Orden seguía para establecer sus asentamientos en tierras consideradas desde tiempos inmemoriales como mágico–sagradas.

Así fue como me dirigí hasta Soto de Dueñas, por la carretera N–634. Una vez allí tuve que preguntar por la iglesia de San Martín de Soto, pues resultaba difícil de localizar sin la ayuda de los vecinos. Un par de simpáticos viejecitos me indicaron qué camino tomar. Después de recorrer durante unos pocos minutos una carretera vecinal me hallé frente a la iglesia, situada en una pequeña ensenada. Era pequeña y el abandono al que la habían sometido le confería un aspecto triste y lamentable. Su puerta, como era ya costumbre, estaba cerrada.

Existen discrepancias entre los diversos autores que han estudiado la cronología y el desarrollo de dicha iglesia. En un principio se trataba de una probable fundación prerrománica cuya planta de una nave y cabecera cuadrada se identifica con las románicas. A pesar de los múltiples cambios, añadidos y restauraciones, como las puertas actuales que pertenecen a los siglos XV y XVI y la bóveda del ábside de cuatro nervaduras, todavía quedan algunos restos anteriores a dichos siglos que, a nuestro juicio, son los más importantes.

Dichos restos, que pueden observarse en la cara Oeste, son para algunos la Cruz de la Victoria, que se halla encima de la puerta de medio punto. A la derecha del pórtico, otro relieve con temas casi irreconocibles de entre los cuales se distingue todavía una cruz. La jarra de la izquierda, ni tan siquiera es citada. Otros autores señalan a dos ángeles que sostienen una cruz en el pórtico a la que definen como la Cruz de los Ángeles y a su izquierda un "florero", clara alusión a esta misteriosa jarra, En realidad, esta jarra o florero no es otra cosa que la representación del Grial o Graal[11].

Este símbolo es representado generalmente bajo la apariencia de un vaso, jarra o ánfora de la que surgen ondas o corrientes de agua,

---

[11] "La puerta O. Es de arco de medio punto con dovelas molduradas, enmarcado por un alfiz mixtilíneo que arranca de ménsulas semicirculares estriadas. Un florero, un escudo y un rostro se encuentran labrados en salmeres y claves, y dos ángeles sosteniendo una cruz en el paramento de sillar enmarcado por el alfiz; en la jamba derecha de esta misma puerta están labrados un motivo antropomórfico y algunos místicos enmarcados por sogueado". Guía Básica. Monumentos Asturianos.

"Son interesantes otros restos como el escudo con la cruz de Oviedo empotrado en el muro occidental sobre la puerta y otro relieve con temas casi irreconocibles, entre ellos otra cruz". M. Cruz Morales. "El Románico en Asturias". Ediciones Ayalga. Información facilitada por Víctor Guerra.

como en este caso, que simbolizan el Agua de Vida, fuente de energía vivificadora y salvífica para el iniciado.

No deja de ser curioso y a la vez sospechoso el hecho de que las leyendas del Grial aparezcan cuando la Orden está en su momento de mayor esplendor y que, con su caída y desaparición, esa queste iniciática desaparezca también con ellos.

Si observamos la cruz que aparece abajo a la derecha, en lo que parece ser un escudo heráldico dividido en cuatro partes que se halla a la derecha de la entrada, todavía percibiremos que se trata de una cruz paté, una de las más utilizadas por el Temple. Finalmente, si miramos con atención la cruz custodiada por dos ángeles, veremos como esta se asemeja más a una Cruz Patriarcal o Lignum Vía al poseer lo que parecen ser dos brazos, el superior corto y el inferior más largo, además de ir acompañada de un aspa o crismón que parte de la base, cruza por la mitad la vertical de la cruz y termina bajo la horizontal. Caso de que todo lo intuido fuese cierto, estaríamos frente a una clásica iconografía templaria.

Aller

Después de la visita al concejo de Parres me dirigí hacia la zona centro del Principado, pues tenía noticias de que en otra iglesia existían unos importantes frescos que merecían atención especial. Tras retomar la N–634 en dirección a Oviedo me desvié en Nava por la comarcal AS–251, en dirección a Cabañaquinta, capital del concejo de Aller en la que se encontraba dicha iglesia.

La parroquia de San Vicente de Serrapio data del año 884 y debe su fundación al Presbítero Cayo. Situada en un lugar privilegiado que domina todo el valle, la iglesia puede ser considerada como un ejemplo representativo del mejor románico rural asturiano. De nuevo la tradición habla de la existencia en este lugar de un dolmen consagrado a la diosa Serapis. Los abundantes restos materiales conservados, como lápidas, capiteles o jeroglíficos llevan a la conclusión de que fue edificada sobre las ruinas de un templo pagano. En su lápida fundacional consta como una de las iglesias más antiguas de Aller. Una de estas lápidas, que se remonta a la época romana, está dedicada o Iovis, es decir, a Júpiter. El templo está situado en un antiguo castro celta y

Iglesia de Serapio en el concejo de Aller.

posterior asentamiento romano, además de encontrarse en las cercanías de una mina de oro que existía en tiempo de los romanos en la localidad de Orilles.

El concejo de Aller era poco conocido en la antigüedad. Su territorio estaba poblado por tribus como las de los Colianici y los Arronideci, que levantaron un ara en honor a Júpiter. El concejo se añadió a las fuerzas astur-cántabras en su lucha contra la prepotente Roma y jugó un importante papel en la Reconquista.

Es en la bóveda de la capilla central donde destacan las pinturas murales datadas en el siglo XVI, pero su restauración parece ser que desvirtuó las anteriores a causa de un trabajo poco acertado. Tal vez alguien las retocó adrede, pero lo cierto es que aún conservan extraños indicios que deseo destacar.

En el centro, a modo de separación de los dos conjuntos que forman el mural, aparecen los conocidos dientes de sierra, tan comunes en las iglesias románicas, que para algunos representan el firmamento y las estrellas. Curiosamente, en este caso están pintados con los colores negro, blanco y rojo, que recuerdan los colores básicos de la Opus Magna, la Gran Obra Alquímica: el Nigredo, el Albedo y el Rubedo, para la realización de la Piedra Filosofal.

Cruz del temple custodiada por dos ángeles. Friso de dientes de sierra con los colores de la obra alquímica.

La figura central representa a San Pedro con las Llaves del Reino. Pero contrariamente a como es representado tradicionalmente aquí las cruza en forma de aspa o cruz de San Andrés. Bajo dicha figura y los dientes de sierra, aparecen dos ángeles que custodian a una cruz dentro un círculo. Se trata de la cruz paté del Temple, que no hay que confundir con la de los Ángeles, como afirman algunos.

Pero lo que más sorprende al visitante es el crucifijo con el Redentor, cuya sangre es recogida en una copa o cáliz por un ángel que desciende de los cielos. En esta ocasión, no hay duda, la escena resulta extremadamente explícita y no hay posibilidad de que se trate de un error de apreciación. El mítico Grial está presente, visible y casi me atrevo a decir que palpable. Ignoro quién realizó la obra, cuándo se hizo y con qué finalidad. Pero no me cabe la menor duda de que el conjunto encierra claves que lamentablemente no conoceré jamás.

El recorrido por la iglesia de Serrapio todavía no ha concluido. En las paredes y techo del cuarto contiguo a la actual sacristía puede observarse una especie de tableros con estrellas de ocho puntas, representación del Universo que presumiblemente se usaba para la meditación, a modo de mandalas orientales. Así mismo, puede apreciarse una serie de círculos concéntricos y cruces Mont–joie o Monjoy, nombre

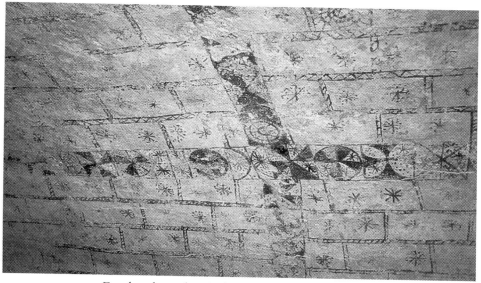

En el techo, además de estrellas de ocho puntas,
aparecen cruces Paté en rojo y negro.

tomado de los peregrinos francos, a los que se les atribuye el grito de
gozo o alegría que, al divisar Santiago, exclamaban en esta última etapa
del Camino. Otras cruces diseminadas, esta vez de estilo paté y de
color negro y rojo, se encuentran dividiendo el techo y formando grandes cuadrados. Además, a la izquierda de la puerta de acceso, están
encastradas las lápidas de distintas épocas, entre las que destaca una de
ellas por poseer una cruz cuyos extremos están rematados por lo que
parece ser la conocida y simbólica Pata de Oca.

Es importante dejar constancia en esa búsqueda de enigmas sin
resolver que en la puerta de entrada principal, a la derecha de la cual se
halla su pila de agua bendita, se encontraron hace ya muchos años tres
calaveras pegadas a la pared. Este hecho ha sido constatado en otros
puntos de la Península, en los que existe documentación acreditativa
de la presencia templaria.

En la localidad cercana de Soto de Aller (Miravalles), y en la zona
conocida como El Prau de la Capilla o La Collada, se encontraba el
monasterio benedictino de San Martín, en el que se veneraba a la
Virgen de Miravalles, del siglo XII–XIII. Los templarios, a su paso por
el concejo de Aller, dejaron significativas huellas que pueden aún
observarse en capillas e iglesias, como ocurre en la Capilla del Cemen-

En la cercana localidad de Vega, existe esta curiosa pila bautismal
con una mano abierta: "la mano creadora"

terio, en la localidad de Miravalles, donde puede verse una serie de
cruces en otra pintura mural.

La Virgen de Miravalles es una "Virgo Lactans", en la que la
Madre da el pecho al Niño. La leche de la Virgen es para los alquimis-
tas sinónimo del agua mercurial sin la cual nunca se llegaría a extraer la
Piedra Filosofal. Precisamente la de Miravalles fue encontrada junto a
una fuente, hecho que se repite a lo largo y ancho de nuestra geografía
y que se convierte en una constante de los enclaves del Temple. Dice la
tradición que dicha fuente poseía propiedades milagrosas y posiblemente fue sacralizada por los celtas.

En este peregrinar por tierras norteñas, encontraremos más
cruces, en su mayoría de tipo paté, que no tendrán que confundirse
con la famosísima Cruz de la Victoria, confeccionada en Gozón, localidad cercana a Gijón, que el rey Alfonso III mandó instalar en todas
las iglesias de su reinado allá por el año 908. Este hecho histórico ha
llevado a historiadores e investigadores a desinteresarse sobre la autenticidad de estas cruces. Tengo la sospecha más que fundada de que
algunas de ellas no son representaciones de dicha cruz. En cambio,
considero que se trata de auténticas cruces pertenecientes a la Orden
del Temple.

Poco a poco nuestras alforjas se irán llenando de pistas, indicios y vivencias que nos acercarán cada vez más al convencimiento de que la Orden estuvo por esas tierras en las que la lluvia verdea impresionantes valles y las brumas matinales, al disiparse, dejarán aparecer las visiones fantasmales de los monjes guerreros.

No deseo alejarme del concejo de Aller sin antes dejar constancia de mi agradecimiento al párroco, José Antonio González Blanco, por su extraordinaria amabilidad y la interesante tarde que pasé en su compañía mientras visitábamos la iglesia de San Vicente de Serrapio y sus alrededores.

El Monsacro, corazón de Asturias

Hacía ya algún tiempo que sabía de la existencia de una construcción octogonal en el Principado conocida como la capilla del Monsacro. Mi interés por encontrar pistas templarias y el hecho de tratarse de una edificación poligonal me impulsaron a conocerla, pues ese tipo de construcciones es poco frecuente en nuestra geografía.

Una vez en Santa Eulalia del Morcín, capital del concejo que toma su nombre, pregunté por dicha capilla. Su localización resultó fácil ya que es conocida por la inmensa mayoría de asturianos. Cuando me indicaron dónde se encontraba no sospechaba que me estaba aguardando una dura ascensión que precisaría de un gran esfuerzo por mi parte.

Ya que mis deseos por alcanzar el objetivo eran más fuertes que cualquier obstáculo, emprendí la subida a buen ritmo. Poco a poco, a medida que subía, el paisaje iba ampliando mi campo de visión. Era como el prólogo del panorama que me esperaba una vez alcanzara la cima. A medida que el entorno se volvía más y más grandioso, resultaba inversamente proporcional a mi capacidad pulmonar que, lamentablemente, me obligaba a detenerme a cada paso para retomar el aliento a causa de mis largos años de fumador empedernido.

Felizmente, después de dos horas largas de marcha, divisé la capilla de nuestra Señora del Monsacro, mientras sudaba a mares y resoplaba como una vieja locomotora a vapor. Me hallaba aproximadamente a unos trece kilómetros de la capital, que se divisaba a lo lejos, y el lugar en que me encontraba es conocido actualmente como el Pico de

Magdalena, a causa de la ermita erigida con el mismo nombre y ubicada cerca de este. Las dos capillas se conocen también por la capilla de arriba y la capilla de abajo, de acuerdo con su situación orográfica.

Su construcción es difícil de datar con precisión y aunque posee características románicas todavía hoy día persiste la polémica sobre si perteneció al románico tardío. A la base octogonal, el elemento más antiguo, se le añadió un pequeño ábside de dos tramos, uno rectangular y otro semicircular. Más tarde se unió al ábside un recinto rectangular e irregular conocido como La Cueva del Ermitaño. Sus bóvedas se sustentan mediante arcos ojivales cuyas nervaduras se unen en el centro, en el que todavía es visible una cruz roja de factura típicamente gótica y lógicamente posterior al resto de la capilla. Dato importante es que el edificio fue en un principio exclusivamente de planta octogonal. A esta construcción original se le añadió el ábside románico y posteriormente el habitáculo conocido como La Cueva del Ermitaño[12].

Algunos investigadores aseguran que existía una columna central, hoy desaparecida, que sustentaba el tejado de madera, según se deduce por los huecos que todavía se divisan en el exterior a unos dos tercios del suelo, dos para cada lado del octógono. Otros estudios, sin embargo, apuntan a que esos huecos bien pudieran ser los apoyos del andamiaje para su construcción. Caso de que se tratara de un piso superior recordaría esos pequeños espacios reducidos a la mínima expresión, cuya finalidad era el confinamiento del caballero para meditar y prepararse para un acto ritual. Estos habitáculos eran conocidos con el nombre de "Linternas de los Muertos", como en el caso de la iglesia de Eunate, en Navarra, o la de San Baudelio, de Berlanga.

Aunque sea mucho suponer, si la existencia de dicha columna fuese cierta y además poseyera nervaduras en lo alto, estaríamos ante una de las características de la Orden del Temple: el "Arbor Vitae", el

---

12 "El primer edificio de la capilla de Santo Toribio fue octogonal y probablemente su techumbre fue de falsa cúpula o, más probablemente aún, de madera, en cuyo caso la cubierta encontraría un punto de apoyo central en una especie de columna de madera situada en el centro de la nave octogonal". "A esta primera construcción octogonal se añadió un ábside de estilo románico, adosándolo en la cara este del octógono y pretendiendo ganar de este modo un espacio para el presbiterio; presbiterio que llega hasta nuestros días". "La llamada casa o cueva del ermitaño, es el último habitáculo que se incorpora al aparato arquitectónico, quedando desde entonces básicamente el edificio tal como lo conocemos". Cadrecha y Caparrós, Miguel Angel Piquero Fernández, María-Rita Santiago Pérez, José. "La Capilla de Santo Toribio en el Monsacro, una tradición asturiana hecha piedra", en rev. Magíster de la Escuela Universitaria de Magisterio de Oviedo, núm 2, Oviedo, 1984.

Árbol de la Vida, o bien se trataría de un "Axis Mundi", un Centro del Mundo.

En la zona se han encontrado túmulos funerarios, prueba de esa sacralidad anterior al cristianismo que era representada por el culto a la Madre Tierra, que edificaba santuarios dolménicos y enterraba a sus muertos en tierra sagrada.

Precisamente, la capilla de arriba, tal y como se conoce al Monsacro, está edificada sobre un dolmen o túmulo dolménico cuya cámara funeraria se correspondería con el Pozo de Santo Toribio.

El recuerdo de este santo estaba tan enraizado con los dólmenes que la tradición popular asturiana lo consideraba como patrón de tales monumentos prehistóricos. Es así como sobre antiguos dólmenes surgen iglesias como el caso de las asturianas de Abamia, Mian y la de la Santa Cruz, cuyos devotos extraían tierra considerada milagrosa. Todo ello era consecuencia de las reminiscencias de aquellos antiguos adoradores de las piedras, (veneratores lapidum), que pronto serían anatemizados por la Iglesia.

Cultos Solares

En el Monsacro existía la celebración de otro culto ancestral: el culto al Sol. Una antiquísima tradición muy arraigada en el pueblo, de fecha imprecisa que se cree prerromana, nos cuenta que los romeros traían a la vuelta de su peregrinaje unos cardos que crecen todavía en la cumbre y que se supone eran remedio para diferentes males. Ello ha quedado recogido en el cancionero popular, que dice así: "Si vas a la Magdalena, cuando vuelvas, tráeme un cardo, a ti te sirve de alivio, y a mí me das un regalo".

Esa flor del cardo silvestre era la representación del Sol y todo ello formaba parte de las creencias religiosas de tipo animista, tan extendidas por el Principado antes de su cristianización. El símbolo radiado, la flor tetrapétala o la cruz de vírgulas y otras figuras derivadas del círculo eran representaciones de la divinidad. La flor del cardo silvestre, de azulada corola, formaba parte de esta simbología y era considerada como un disco solar radiante.

Estos símbolos solares los encontramos en estelas funerarias prerromanas, en los dinteles de las casas y en los hórreos asturianos.

Primer documento en el que se citan hospederías y hospitales para peregrinos en un pergamino del siglo IX, que se conserva en el archivo de la Catedral de Oviedo.

Fueron realizados para que surtiesen efectos protectores para sus habitantes. Una prueba de esta intención mágico-religiosa y sagrada la constituye el hecho de que en numerosas ocasiones estos símbolos aparecen asociados o bien claramente sustituidos por la custodia eucarística, ese nuevo "sol cristiano" que viene a borrar antiguas creencias y tradiciones con la nueva luz evangélica.

El Tararu

Las tradiciones festivas del Monsacro giran alrededor de tres fechas: el 15 de agosto, La Asunción; el 22 de julio, Santa María Magdalena y el 25 del mismo mes, la festividad de Santiago Apóstol.

Del 22 al 25 de julio, los romeros de la comarca subían a la montaña para celebrar festejos durante cuatro días a los que no les faltaban reminiscencias paganas, aunque revestidos de cristianismo. La fiesta comenzaba en la Campa de las Flores con música, bailes y cánticos hasta el atardecer, mientras aguardaban a que llegara la noche para encender hogueras y seguir con las fiestas.

Parte posterior del documento mostrado en la paginta anterior.
Está escrito en letra visigótica cursiva.

El día de Santiago, al anochecer, se llevaba a cabo la quema del Tararu, un gigante de madera adornado con elementos fácilmente combustibles. El punto álgido del espectáculo se alcanzaba cuando su cabeza era destruida por el fuego y rodaba por los suelos entre el jolgorio y los aplausos de los asistentes, que celebraban de esta manera el sacrificio ígneo del Tararu. Una vez finalizadas las fiestas los romeros regresaban por la Covarriella y el camino de Grandarrella en dirección a los concejos de Morcín, Riosa o Quirós.

Este protagonista central de las fiestas poseía todos los elementos de una ceremonia ritual en la que se recreaba, sin duda alguna, una antigua tradición de origen celta.

Taranus–Taranis era el dios de la guerra en la Asturias prerromana, señor del rayo y del trueno, al igual que en otros países de la Europa céltica Así fue como en tiempos de la dominación romana esta divinidad se emparejó con el Iupiter Tonans. De esta manera el Monsacro se convertía en el hogar del padre de los dioses.

Resulta difícil creer que esta sacralidad pasara inadvertida a los miembros del Temple.

La imagen de Alfonso II el Casto se alza en la ciudad de Santiago de Compostela, como reconocimiento al Rey.

Las Reliquias

Cuenta la tradición que las Santas Reliquias que se conservan en la catedral de San Salvador de Oviedo estuvieron ocultas en la capilla octogonal del Monsacro hasta que el rey Alfonso II, el Casto, las trasladó a la basílica ovetense por él reconstruida. Existen dos versiones sobre este hecho. La primera cuenta como Santo Toribio, obispo de Astorga, viajó a Jerusalén antes de la caída de los Santos Lugares y reunió por inspiración divina cuantas reliquias pudo. Las metió en un arca y partió de Tierra Santa para llegar milagrosamente hasta la costa asturiana. De allí se dirigió al Monsacro y descansó en un saliente rocoso que pasó a llamarse la "Silla del Obispo". Una vez en la cima, depositó el arca de las Reliquias en una cueva conocida como el "Pozo de Santo Toribio", en realidad un pozo dolménico sobre el cual mandó construir una ermita dedicada a Nuestra Señora.

La otra versión narra como el Arca Santa, por medios anónimos pero igualmente milagrosos, partió del norte de África y llegó hasta Toledo, capital el reino visigodo. Posteriormente, ante la invasión musulmana, se trasladó hacia el norte y acabó en el Monsacro asturiano.

Finalmente, una decisión salomónica armonizó ambas versiones ya que incluyó por un lado las reliquias de Santo Toribio en el siglo V y, por el otro, las procedentes de Toledo en el siglo VIII; se unieron para posteriormente ser trasladadas por Alfonso II.

Rodericus Sebastianiz

Existe una característica que considero ciertamente especial referente a la colección diplomática del monasterio de San Vicente de Oviedo. Se trata del único documento que se posee sobre la comunidad que regentó el Monsacro desde el siglo XII, siglo que, recordémoslo, es el del asentamiento del Temple en la Península. En dicho documento el rey Fernando II de León y su hermana, la reina de Asturias, doña Urraca, hacen donación del Monsacro y de pastos para el ganado a un tal "*frater* Rodericus Sebastianiz" y a una comunidad de "Frates de Monte Sacro", con fecha 1 de julio de 1158[13].

---

13 "Luciano Serrano, "Cartulario de San Vicente de Oviedo" (781-1.200), Madrid, 1929.

Monumento
de Alfonso II el Casto,
fundador y promotor
del Camino de Santiago.

Popularmente se habla de los ermitaños del Monsacro, pero ermitaño era en latín "Deo Voto" y la palabra "Monacus" definía al monje. La comunidad ni era de ermitaños ni se constituyó en el momento de la donación, es decir, que ya existía como tal antes del documento. La denominación de "Frater" no era frecuente en aquella época y era casi de aplicación exclusiva a la Orden del Temple. Cabe la posibilidad de que se tratara de los "Fratres Milites", denominación atribuida a los hermanos templarios.

No es posible afirmar que Rodericus Sebastianiz fuese en 1158 un caballero templario, así como tampoco sus hermanos de la comunidad. No obstante, esta donación de manos del rey Fernando II, amigo y protector de la Orden del Temple en Castilla y León y donante a su vez en 1178 de la fortaleza de Ponferrada, me lleva a la sospecha, creo que fundada, de que el caballero Sebastianiz debía ser algún miembro de la Orden.

Mientras entablaba una feroz pelea con el cerrojo oxidado y la cadena llena de herrumbre de la puerta de la capilla, empecé a recordar que existían una serie de documentos que ofrecían una clara idea de la importancia política y social de dicho personaje.

Rodericus Sebastianiz aparece como testigo firmante en la donación de un solar por parte de Petrus Ovequiz a un tal Fredenando, un

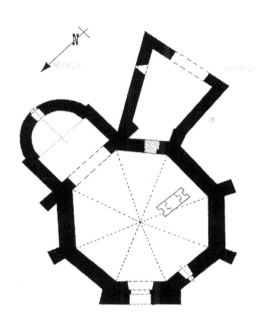

Plano de la
capilla del Monsacro.

21 de mayo de 1136. Su testimonio sigue apareciendo en otros documentos hasta que, finalmente, un 2 de octubre de 1145 firma como testigo en la fundación del monasterio de San Renón. Anteriormente, con fecha del 29 de junio de aquel mismo año, es testigo junto a tres condes, una junta de obispos y el mayordomo real, de la donación de la villa de Feleches por parte de doña Urraca Martín a la catedral de Oviedo. A partir de este año de 1145, Sebastianiz desaparece de la vida pública y vuelve en 1158 convertido misteriosamente en ese "frater" que recibe la donación del Monsacro.

No existe documento ni referencia alguna que pueda esclarecer este silencio de años. Tan sólo puede intuirse, con los pocos datos que se poseen, que Sebastianiz podía haber tenido contactos con el Temple para finalmente convertirse en uno de sus miembros.

Reflexionando sobre dicha posibilidad, el cerrojo de la capilla al final cedió ante mi insistencia. Contemplé las nervaduras del techo y los restos de pintura roja que quedaban de la cruz inscrita en un círculo blanquecino. A la derecha encontré lo que se conoce como la cueva del ermitaño, en la que yacen los restos encontrados en el interior de la capilla por los restauradores. Trozos de piedra labrados con formas irreconocibles siguen durmiendo su sueño de siglos.

Alfonso II el Casto, rey de Asturias, llega al sanitario compostelano y hace su ofrenda al obispo iriense Teodomiro.
(Grabado de Diego de Astorga)

El antiguo tejado vegetal ha sido sustituido por unas tejas corrientes. Las paredes, que suponemos están formadas por argamasa y piedras, han desaparecido bajo un enyesado pintado de rosa pálido. Por alguna extraña razón, el suelo todavía conserva su primer enlosado. Posiblemente la Administración redujo el presupuesto destinado a la restauración del patrimonio y no se pudo colocar la capa de cemento correspondiente.

Lo del cemento viene a cuento, porque en el pozo de Santo Toribio, lugar en que se halla el dolmen, se erigió un ara o altar hoy desaparecida lamentablemente y sustituida por un bloque de piedra o cemento enyesado. En aquel preciso instante imaginé a la Venus de Milo con brazos y a la Esfinge con nariz. Estaba seguro de que esta impresión deprimente se vería recompensada de una manera o de otra.

Fue entonces cuando en el suelo observé una alineación de piedras que no tenía relación alguna con la forma octogonal de la construcción. Esta alineación se hallaba desplazada del centro radial del octógono y cercana al ábside. Una línea pétrea que casi alcanzaba los 180º cruzaba la capilla de norte a sur. Una piedra redondeada marcaba el centro y, desde ella, otro "brazo" perpendicular al ábside partía en dos partes iguales la capilla.

Vista general de la capilla de Monsacro.

Finalmente, otro alineamiento partía en dirección noroeste. Al comprobando esta línea de piedras y el ángulo que formaba con la otra en dirección norte, observé que medía, grado más grado menos, un ángulo de 36º, el mismo que forma la cruz paté del Temple.

Estas líneas de piedra poseen otro detalle a destacar. Ni son recientes ni tampoco pertenecen al suelo primitivo. Su textura, el brillo de su superficie, el desgaste, e incluso su color no se corresponden con las restantes que configuran el suelo. Resulta evidente que fueron colocadas allí y de aquel modo con una finalidad concreta. Como tantas otras veces ignoro el quién, el cuándo y el por qué de estos hechos que van apareciendo sin explicación alguna y que engrosan la larga lista de preguntas que llevo conmigo desde hace años.

Mientras volvía a pelearme con el maldito cerrojo, esta vez para cerrarlo, recordé que el castillo del Temple de Ponferrada se encuentra en tierras mágico-sagradas y el Monsacro en tierras del Aramo, también sacralizadas. Por otra parte, si en León existe el monte Teleno, considerado especial por el Temple, y al sur del Monsacro hay una localidad con el mismo nombre, se obtienen coincidencias demasiado sospechosas.

Tras dejar ya el Monsacro a mi espalda y mientras oía el crujido de los guijarros bajo mis botas, que se confundía con el de mis rodillas doloridas, pensé en las dificultades que había que superar para llegar a la capilla. No fueron únicamente físicas, también fueron de tipo administrativo. Tuvo que pedirse autorización a la jurisdicción eclesial correspondiente; jugar al gato y al ratón con el representante de la Iglesia de la parroquia a la cual pertenece la capilla, que finalmente no tuve ocasión de conocer; dejar el carné de identidad, tal y como marca la ley, y recogerlo al día siguiente para finalizar así el periplo con la entrega de las llaves del reino, perdón, de la capilla.

Ante tanto trámite he de confesar que, automáticamente, pensé que me aguardaba algo especial que sólo unos pocos privilegiados tienen ocasión de ver.

Esta anécdota, o si se prefiere experiencia, es una de las muchas que pueden vivirse cuando se desea efectuar lo que se ha dado en llamar "trabajo de campo".

Finalmente, al consultar una de las obras del erudito investigador Juan García Atienza que lleva por título: "La Meta Secreta de los Templarios", y concretamente en el capítulo IV, se expone la relación kilométrica de San Juan de Otero, o Ucero, con otros enclaves muy especiales: Padrón, en Galicia y Castelló d´Empuries, en Cataluña. La distancia es de 527,127 Km, equidistante entre dichos asentamientos. Esta igualdad kilométrica entre los dos puntos extremos de la Península me impulsó a comprobar si la capilla del Monsacro podría poseer las mismas características.

Ante mi sorpresa, el Monsacro, que he dado en llamar corazón de Asturias, se encuentra en el eje casi exacto que divide en dos al Principado desde sus extremos opuestos. Si trazamos una línea paralela al mar Cantábrico, desde la capilla en dirección oeste, obtendremos una distancia aproximada de 94.500 Km. Si efectuamos la misma operación, esta vez en dirección este, obtendremos la misma distancia, es decir, 94.500 Km.

El paso siguiente fue plantearme la posibilidad de comprobar lo que Atienza indica como cartografía mágica y que expone en el apartado "Bajo el signo de la TAU". Expectante, fui situando en un mapa detallado del Principado todos los enclaves y asentamientos visitados que sospechaba habían pertenecido al Temple y aquellos que unos pocos autores citaban en sus obras. Me aguardaba una nueva sorpresa.

Colegiata de Santa María de Llanes con aspecto de fortaleza.

Cuando contemplé esas posibles localizaciones templarias en el mapa pude comprobar cómo estas formaban la imagen de una inmensa "T" o TAU, con el Monsacro como centro en la intersección de ambos brazos. Invito al lector a que realice la misma operación y haga nuestras las palabras de Atienza: "...sólo una improbable casualidad, o un profundo conocimiento de la cosmografía, puede determinar tal exactitud".

El caballero de Llanes

En mi primer viaje al Principado de Asturias supe, y no sin cierta sorpresa, que el Camino de Santiago había nacido por aquellas tierras en tiempos de Alfonso II, el Casto. La lógica me llevó a pensar que, en consecuencia, la Orden del Temple habría custodiado los caminos de peregrinaje y se establecería en lugares especiales tal y como era costumbre.

Después de examinar algunas obras sobre la historia del Principado, constaté con estupor que el Temple no era mencionado en

Del histórico castillo del siglo XIII con muralla y puente levadizo,
se conserva "La Torre" convertida en oficina de turismo.

ninguna de ellas. Resultaba difícil creer que una orden creada con este fin no estuviera presente en la historia de la Edad Media asturiana.

Sabía de la existencia del Real Instituto de Estudios Asturianos y fui en busca de información. Una vez más, la falta absoluta de documentos se hizo patente: no existía confirmación alguna que pudiese avalar una supuesta presencia templaria en tierra astur. Aquel mismo día quiso el destino que conociera a José Luis Argüelles, miembro del Instituto con el que sostuve una animada charla. José Luis recordó que tenía un amigo de años que en su momento se "pateó" kilómetros de tierra asturiana a la búsqueda de rastros, indicios o pistas de los caballeros del Temple.

Así fue como conocí a Carlos Mª de Luis, insigne periodista y autor de varias obras sobre el patrimonio del Principado, con el que me une una gran amistad de la que presumo.

Corría el año de 1.981 cuando Carlos Mª, debido a su profesión, cubría la información de la Vuelta Ciclista a Asturias. Como el final de una de las etapas era la localidad de Llanes y había llegado junto a otros compañeros con bastante antelación, se puso como siempre a pasear por el casco viejo de la ciudad hasta la colegiata y a curiosear el abigarrado mundo de imágenes de su portada principal. Fue entonces cuando, al mirar a la parte más alta de las arquivoltas, halló encaramado lo que parecía ser un caballero templario con una gran TAU en el pecho.

Fácilmente el lector comprenderá que, a partir de aquel momento en que Carlos Mª me contaba esta experiencia, una de entre las muchas de su largo periplo, mi impaciencia era tan acuciante como mis deseos por llegar hasta Llanes.

Ubicado en el extremo oriental del Principado, el Concejo de Llanes se ha convertido en uno de los mayores centros turísticos del norte de España. Su privilegiada situación, sus playas de fina arena y sus paisajes unidos a los Picos de Europa son cita obligada para miles de visitantes. La carretera N–634, que bordea la costa, nos llevará directamente hasta la capital, Llanes.

Está situada en una llanura, entre el mar y la montaña, quizás de esa orografía provenga su nombre actual, que sustituyó el anterior de Puebla de Aguilar. Este título figura en los fueros que promulgó el rey Alfonso IX de Aragón el 1 de Octubre de 1206, que motivaron la construcción del recinto amurallado a mediados del siglo XIII, de

En la doble ventana de la izquierda aparece una flor de lis. En el centro puede verse su jinete a caballo, un perro o lobo, y a la izquierda un árbol en forma de copa, o tal vez, se trate de una copa.

cuyos restos, en el paño norte, destaca "La Torre", convertida en oficina de turismo.

Precisamente dentro de este recinto amurallado, en la plaza de Cristo Rey, casi en el centro de la muralla, se encuentra la Basílica–Colegiata cuya construcción se inició hacia el 1240 y su inauguración se produjo en 1480, por lo que parte de la iglesia gótica fue levantada sobre otra anterior de la que se conservan restos del románico tardío. Su aspecto de fortaleza recuerda el de otras iglesias situadas en aquellas ciudades en las que se estableció el Temple.

Mi interés por hallar al caballero templario me llevó hasta la puerta principal, situada en el sur y formada por cinco arquivoltas apoyadas sobre seis columnas a cada lado, con una impresionante variedad de símbolos. Empecé a buscar entre aquella ingente iconografía sin orden ni concierto. Este rosario de signos ofrecía representaciones de todo tipo: elementos vegetales y florales, animales fantásticos, simbólicos como el oso o el perro, e incluso creo que llegué a vislumbrar, de nuevo, lo que parecía ser una jarra griálica. El desgaste de siglos no permitía una correcta apreciación o identificación.

Si todo ello era ya de por sí interesantísimo, no lo fue menos la visión de una tosca figura que representaba a un peregrino con el típico

León encontrado en una de las murallas y que se exhibe actualmente en el interior de la puerta sita en "La Torre" donde se halla la oficina de información turística.

atuendo: el bordón, la mochila y el venero, prueba evidente de la importancia que poseía esa ruta conocida como el Camino de la Costa, que confluía en Oviedo, en la que Llanes era etapa obligada.

Finalmente lo encontré. Curiosamente muy cerca de la imagen del peregrino, en la parte más alta de las arquivoltas, como si existieran poderosas razones para estar en su proximidad. Allí estaba el caballero templario de mis anhelos.

La cabeza desproporcionada respecto al cuerpo, tal y como acostumbran las figuras románicas, y llevaba una especie de gorro o birrete. Larga vestidura con capa a la espalda y, enorme en proporción, la TAU sobre su pecho. Esa TAU cuya finalidad todavía lleva de cabeza a los estudiosos. Una cruz que no es la "oficial" de la Orden del Temple pero que sin embargo aparece en aquellos lugares que tal vez eran considerados especiales o que portaban determinados caballeros también considerados especiales como símbolo de dignidad y reconocimiento.

Además, en su mano izquierda lucía una especie de campana. Quizás se trataba de una representación de la campana isíaca, perteneciente a los ritos dedicados a la diosa Isis, que más tarde sería transformada en las conocidas Vírgenes Negras, tan proclives a aparecer cerca

Lo que parece una mancha de humedad puede ser una teleplastia:
una imagen que sugiere la figura de un monje de perfil.

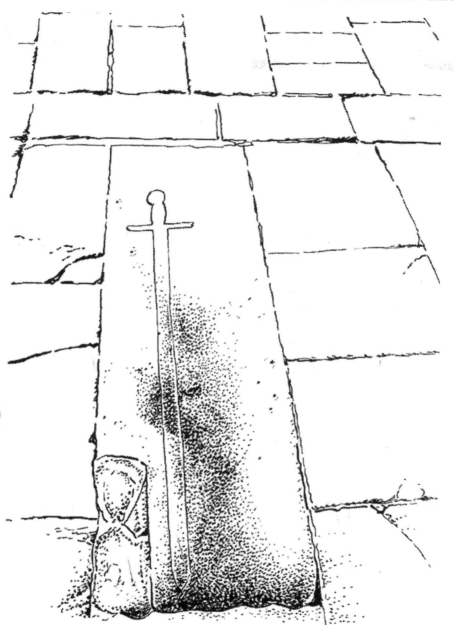

Dibujo que permite apreciar mejor el supuesto fenómeno paranormal.

de los asentamientos templarios. Este "sistro" puede considerarse como antecesor de la campanilla para diferentes liturgias.

Aparece el León

Al cabo de un tiempo, después de haber tomado unas instantáneas, me dirigí a la oficina de turismo en busca de información. Después de hojear algunos folletos me decidí por tomar un plano de la ciudad. Cuando ya me disponía salir, observé encima del dintel de la puerta la imagen de un león.

Se cuenta que esta representación leonina fue hallada encima de una de las puertas del recinto amurallado que daba acceso a la ciudad. Dicha imagen, ya muy deteriorada, ha sido datada por los expertos como perteneciente al siglo XV. Pero si se observa detenidamente no sólo el desgaste producido por el tiempo sino su estructura, sus formas y proporciones y la tosquedad de su cincelado, recordarán realizaciones artísticas anteriores y mucho más cercanas al bestiario perteneciente al románico. Creo que podría tratarse de una pieza del siglo XII o de principios del XIV. Los conceptos artísticos posteriores tenían en su proporción y acabado un estilo mucho más cercano al denominado clásico.

De entre los epígrafes de la Regla del Temple existe uno que resulta verdaderamente curioso. Los artículos 55 y 56 de la Regla primitiva de la Orden especifican claramente la prohibición de cazar todo tipo de animales, incluso en condiciones extremas de subsistencia, excepto el león.

Algo no encaja. Si dicho animal había desaparecido de Tierra Santa y, por supuesto, de Europa, habrá que pensar que si en principio la consigna parece absurda, tendremos que tomarla desde el punto de vista simbólico o esotérico. Esta lucha del caballero con el animal representa la lucha interior que el miembro de la Orden precisa para alcanzar una ascesis de combate espiritual. El león representa el poder, la máxima sabiduría y se convierte en símbolo áureo y solar.

Recorrí algunas calles del casco viejo a la espera de encontrar algo, pero sin saber qué exactamente. Aquel fue un día de suerte. Una losa de considerable tamaño, con unos grabados apenas perceptibles, aparecía en el muro de una propiedad privada. En ella todavía podían distinguirse un sol radiante y dos báculos. El resto era irreconocible. Estos báculos recordaban a aquellos que portan los obispos pero que también llevaban altos dignatarios de la Orden. Si añadimos el símbolo solar al conjunto entonces entraremos en el terreno de la duda.

La Iglesia, desde un principio, procuró por todos los medios a su alcance borrar cualquier signo que recordara antiguos ritos considerados paganos y el culto solar es precisamente uno de los más importantes. Más tarde, ante la imposibilidad de alcanzar su objetivo, ese culto ancestral al "Sol Invictus" se adaptó y se transformó en el "Sol de justicia" de Cristo.

Finalmente, tras recorrer una de esas calles pude distinguir en lo alto de otro edificio dos ventanas dobles con lo que parecía ser un blasón del todo irreconocible, en una de ellas, y, en la otra, la forma perfecta de una flor de Lys. En el espacio central otra losa, esta de menor tamaño, poseía unos relieves de los que podía destacarse una figura animal, tal vez un perro o un lobo, un jinete y la imagen de lo que parecía ser la forma de un árbol o incluso la de una copa. El dios Kronos, siempre amenazante en nuestras vidas, no me permitía dedicar más tiempo del que hubiera deseado para proseguir el itinerario callejero.

De regreso a la capital busqué información más detallada sobre la localidad de Llanes. Entonces fue cuando, en el tomo IX de la Enciclopedia Asturiana, encontré un resumen de la historia de la ciudad en el que se indicaba, entre otros datos de interés, que existían delegados del monarca que ejercían como mandatarios. Entre sus funciones destacaban la de la justicia, el reclutamiento y la recaudación de impuestos. Así es como, en 1115, se localiza a García Sánchez; en 1125 aparece Alfonso Muñiz y, por un documento del monasterio benedictino de Celorio, se sabe que en 1134 regía el territorio: Rodericus Sebastianiz. El mismo "frater" enigmático que recibiría años más tarde la donación del Monsacro.

Tengo la sospecha de que este personaje, entre los años de 1134, cuando era representante del rey en Llanes, hasta que desaparece en 1145, tuvo contactos con la Orden del Temple. Consecuencia de ello es que reaparece en 1158 "convertido en frater". No resulta difícil imaginar que la vida de Sebastianiz se desarrollara por tierras que podían hallarse bajo el control o la jurisdicción de los templarios.

Finalmente, el escudo de la ciudad puede ofrecernos datos que considero definitivos. Al buscar en los manuales de Heráldica encontré la siguiente definición: "Trae escudo de gules y medio león de oro

sostenido de sinople y una cruz paté de plata". El escudo actual, apro-
bado por el Ministerio de la Gobernación, es como sigue: "En campo
de gules, un león reptante de oro, y en jefe, una cruz paté de plata".
Resulta evidente que estas indicaciones hacen referencia a la cruz utilizada por el Temple.

De forma ya sistemática tenemos que buscar aquellos elementos
que conformaban el entorno de los emplazamientos templarios. En el
concejo de Llanes se encuentra el famoso y conocido ídolo de Peña Tu,
de posible carácter funerario, situado en una zona de hallazgos neolíti-
cos y de enterramientos tumulares grabados, como los del área de
Posada y Balmori y cuevas como el Pinicial, La Riera, Lledias, cueva
del Agua y las pinturas rupestres de La Pereda.

Referente al Camino de Santiago, la Ruta de la Costa penetraba
desde Rivadedeva, por el puente del Campo sobre el río Cuera y
cruzaba por Buelna, Pendules, Vidiago, y Puertas de Vidago. Desde la
ermita del Santo Cristo del Camino, el peregrino divisaba ya la villa de
Llanes. El Camino seguía por Celorio, San Salvador de Celorio, Barro,
San Antolín de Bedón, Naves Nueva y Pría. A partir de esta localidad
se penetraba al concejo vecino de Ribadesella. Creo que son motivos
suficientes como para pensar que la importancia del concejo de Llanes
no pasaba inadvertida para el Temple.

Los símbolos de Villaviciosa

El cielo estaba cubierto y las neblinas matinales presagiaban un día
gris y lluvioso, una de las características principales de Asturias.
Recordé el consejo que me dieron cuando visité el Principado por vez
primera: "Tráete las gafas de sol y el paraguas". Cuando luce el sol y
uno espera encontrar un día soleado y luminoso, de repente, todo se
oscurece y empieza esa fina lluvia que no te abandona durante días. Así
que seguimos tan sabio consejo.

Después de dejar la autopista de Oviedo y enlazar con la AS–113,
nos dirigimos hasta el concejo de Villaviciosa. Este concejo marítimo
aparece poblado desde época prehistórica. En su territorio existen yacimientos arqueológicos de épocas paleolíticas, neolíticas, castreñas y
romanas, registradas en la carta arqueológica de 1989. Así mismo,
destacan sus edificios con los elementos arquitectónicos del llamado

Iglesia de Nuestra Señora de la Oliva, en pleno casco urbano
de Villaviciosa, Asturias.

"Prerrománico Asturiano": San Salvador de Valdediós, San Salvador de Priesca y Santa María de Arzabal, son claros ejemplos. Además, una serie de construcciones románicas de los siglos XII al XIV, como San Juan de Amandi, San Andrés de Valdebárcena, Santa Eulalia de Lloraza, Santa María de Valdediós y San Salvador de Fuentes, entre otros, dan idea de la riqueza de su patrimonio histórico–artístico.

Villaviciosa, antigua tierra de Maliayo, recibe el 17 de octubre de 1270, en Vitoria, carta de fundación de puebla o villa de manos del rey Alfonso X el Sabio. Al mismo tiempo, los monjes del Cister, impulsores del Temple, dan una presencia activa en lo más profundo del valle, en Boides, que adoptará el nombre de Valle de Dios. Los cistercienses ejercen sobre un coto de 296 hectáreas su señorío jurisdiccional añadido a una importante labor civilizadora y de ordenación del territorio.

No podemos pasar por alto el amuleto conocido desde la más remota antigüedad, el amuleto o talismán de la vieja Europa: el ámbar negro. El azabache encuentra en Villaviciosa su máximo exponente como centro de difusión por la ruta de Santiago, de cuya existencia da testimonio actualmente una pequeña producción en las localidades de Oles, Argüeru, Quintueles y Careñes.

Este azabache se convierte en una particular industria en la Edad Media, relacionada con las devociones paganas que se funden con el culto jacobeo. Se ha establecido una posible relación de este negro mineral con la Alquimia.

La búsqueda de arcaicas elaboraciones en la ciencia alquímica, que investiga las transformaciones de una posible materia original primigenia, es decir, la materia elemental (cuyo origen quizás haya que buscarlo en la Madre Tierra, principio creador de todo cuánto existe, la llamada Virgen Madre, contenedora del espíritu de todas las cosas -Vas Spirituale-, que con la "Putrefactio", o sea la putrefacción alquímica, origina el color negro o negruzco), es expuesta en la bibliografía alquímica medieval, algunas de cuyas conclusiones son atribuidas a Ramón Llull (1232–33, 1315–16), que llevaría a buen término las cuatro putrefacciones de la Obra filosófica hasta conseguir esta masa negra que constituye la llave o clave que abrirá la puerta del Conocimiento Alquímico tras dominar la llamada filosofía *Spagyrica*.

De esta manera se presentan las Vírgenes Negras cuya negritud mistérica representa el símbolo de una época en que lo cotidiano estaba unido a todo aquello que tuviera contenido milagroso, sobrenatural o mágico–religioso.

Lo expuesto anteriormente ha sido motivado únicamente para recordar la idiosincrasia de unos pueblos y las creencias de unas gentes de las que los miembros del Temple eran partícipes. Villaviciosa posee todos los elementos tradicionales necesarios para que la Orden pudiera establecerse en ella.

Así pues, mi búsqueda se centró especialmente en la Iglesia de Nuestra Señora de la Oliva, situada en pleno casco urbano y en el barrio del mismo nombre. Construida a finales del siglo XII tras la concesión de la carta puebla, se trata de un sencillo edificio, de una sola nave, de transición del románico al gótico. La portada presenta un rosetón y una imagen de Nuestra Señora plenamente góticos.

Al principio, cuando observé la portada, vi con enorme sorpresa a la izquierda de la misma, en lo alto del muro y cerca del friso que separa las columnas que sostienen las arquivoltas, cómo destacaba una estrella de seis puntas. Al instante vino a mi mente la imagen de la estrella de David o bien el llamado Pentáculo del rey Salomón. Pero pensé que un símbolo judío no podía encajar en un templo cristiano.

Mientras pensaba en ello distinguí, aproximadamente a la mitad del muro, una cruz paté dentro de un círculo. Al momento descubrí otra en el lado opuesto. Fue entonces cuando al dirigirme hacia una de las esquinas observé una cruz latina pintada de rojo y a su lado, de nuevo, la cruz paté inscrita en un círculo. Entonces empecé a dar la vuelta al edificio.

En el muro opuesto encontré el mismo tipo de cruz y en la esquina otra; así sucesivamente hasta contabilizar un total de ocho: a ambos lados de la fachada principal, en los dos muros laterales y en la parte del ábside. Las cruces de los laterales estaban acompañadas por otras cruces, esta vez de corte latino, con pie triangular, como aquellas que representan en ocasiones los Pasos del Vía Crucis, o la denominada Monxoi o Monjoi.

Si la Orden tuvo sus encomiendas urbanas en las cercanías de las aljamas judías, no resulta aventurado suponer que el Temple tuvo relación con los miembros de la Kabbalah. Esta era una posible respuesta ante la presencia de aquella estrella en el edificio. Pero cabía otra posibilidad, la de que esa estrella estuviese en ese lugar para indicar que por allí pasaron los maestros constructores conocidos como los "Hijos de

Iglesia de Nuestra Señora de la Oliva, en pleno casco urbano
de Villaviciosa, Asturias.

Salomón", que estuvieron bajo la protección del Temple, y que ese era su signo de identificación.

Por último, en la segunda columna de la izquierda aparecían los relieves de dos supuestas serpientes entrelazadas que recordaban al Caduceo Hermético. En aquel momento estaba añadiendo nuevos interrogantes que pasaban a engrosar las numerosas preguntas que se acumulaban a cada paso.

VALDEDIÓS Y LO PARANORMAL

A escasos kilómetros de Villaviciosa se encuentra uno de los principales centros religiosos del Principado. Nos referimos al monasterio de Valdediós. La proximidad de las dos localidades me permitió visitarlas en un mismo día.

En Boides, al lado de la Iglesia de San Salvador de Valdediós, fundada por Alfonso III a finales del siglo IX, se instalaron los monjes del Cister, que dieron al valle el nombre de Valle de Dios. El monasterio fue construido entre el 1218 y el 1226 y fue cedido por el rey Alfonso X. Es uno de los centros más visitados de Asturias, tal vez el segundo después de Covadonga.

Diariamente, coches privados y autocares de todo tipo llenan el parking que a tal efecto se encuentra frente al monasterio y el prado en el que se levanta la iglesia conocida como el Conventín.

Tras formar parte de un nutrido grupo de visitantes y mientras el guía nos informaba sobre la interesante historia del monasterio, me alejé como acostumbro a hacerlo generalmente para contemplar el edificio a mi aire. Después de recorrer pasillos interminables, grandes estancias y de la visita obligada a la iglesia con su impresionante altar, llegamos hasta el magnífico claustro.

Mientras todos escuchaban las indicaciones de rigor tuve un sobresalto, algo había llamado poderosamente mi atención. Observaba cómo decenas de personas pertenecientes a distintos grupos pasaban una y otra vez por encima de una inmensa losa. La piedra era de grandes dimensiones y destacaba de las otras piezas del enlosado. Según mi criterio, la gastada losa parecía una lápida debido a sus dimensiones.

En nuestro recorrido por el magnífico claustro habíamos contemplado tumbas y sarcófagos blasonados bajo arcosolio, así como

En la columna aparece el caduceo hermético. En la parte superior,
una estrella de seis puntas, igual a la de Santa María de Azogue.

también algunas tumbas en el suelo de gentes menos relevantes. En aquel instante, era mucho más importante para mí aquella gran losa que todo lo observado anteriormente.

Una insultura que representaba una gran espada destacaba de la losa. No había epigrafía ni fecha alguna, sólo la espada. Nadie se daba cuenta de tal circunstancia. Todas las miradas iban del artesonado del techo hasta las columnas ricamente ornamentadas del claustro.

Una vez el grupo se alejó, tomé un par de fotos y contemplé con mayor atención la lápida. Entonces vino a mi memoria el ritual funerario del que eran objeto los caballeros sin rango de la Orden, que eran enterrados cara al suelo con los hábitos clavados en un madero y en el más absoluto anonimato.

Cuando las voces de los visitantes ya no eran audibles y el más completo silencio me envolvía, miré fijamente a la espada. Al poco tiempo creí percibir una especie de mancha que cubría una parte del arma. No estaba muy seguro de ello pero en aquel momento pensé que la mancha también se extendía por una parte de la losa

Me dije que tal vez el deseo por encontrar algo importante o distinto de lo habitual provocaba que mi imaginación estuviera dándome información equivocada. Ante la duda, decidí tomar una instantánea para ver si el resultado confirmaba mis sospechas.

Interesado por el hallazgo, pregunté a los monjes por la supuesta lápida pero nadie supo darme información al respecto. Siempre estuvo allí y se desconoce tanto su antigüedad como quién podía yacer en ella. Una vez más la falta de información venía a añadirse a las numerosas preguntas sin respuesta.

Cuando llegué al parking y me disponía a emprender otros caminos vi, a unos veinticinco metros de dónde me hallaba, un escudo colgado en la esquina de una pared. A pesar del muro de la propiedad y de la distancia pude distinguir, entre otros símbolos, un báculo de obispo, una banda que lo cruzaba con fondo ajedrezado, una flor de Lys y tres cruces: una griega, otra que recordaba a la del Santo Sepulcro y una tercera con un extraordinario parecido a la paté del Temple. El escudo había sido encontrado en los alrededores por los bisabuelos de uno de los propietarios. Eso era todo.

Finalizado este nuevo viaje por tierras asturianas empezaría la monótona y en ocasiones fastidiosa recolección de datos, notas, folletos, guías informativas, manuales y un sin fin de direcciones y teléfonos de ayuntamientos, centros culturales, archivos y bibliotecas, que en una próxima ocasión me podrían ser de utilidad. Más tarde quedaba por descubrir si las fotos realizadas tendrían el contraste necesario para ver con claridad si aquella imagen o aquella cruz eran perfectamente visibles.

El revelado de carretes se parece en la mayoría de ocasiones a los exámenes que sufríamos de jóvenes. Nervios y cierta angustia por si nuestro trabajo no quedó bien reflejado en las instantáneas.

Ya en casa di una rápida hojeada a las brillantes imágenes, pero con cierta impaciencia por llegar hasta aquellas que tomé en el monasterio de Valdediós. A pesar de que consideraba que todas y cada una de ellas eran importantes de por sí, tenía especial interés por ver aquella de la losa.

Allí estaban, la espada y la mancha. No cabía duda, la imagen no era fruto de mi imaginación. La cámara había captado exactamente aquello que sospechaba. En la fotografía podía observarse, con mayor o menor claridad, la silueta de un monje con capucha y con las manos metidas en las anchas mangas del hábito, como si estuviese orando y siguiera en silenciosa procesión la liturgia del momento.

A los amantes de la Parapsicología, y concretamente de los fenómenos paranormales conocidos como teleplastias, les aconsejo que observen con atención la fotografía de dicha lápida. Espero que descarten la remota posibilidad de que pudiera tratarse de una "casual o caprichosa" mancha de humedad. Tal vez el dibujo que adjunto permita una mayor nitidez en la observación del fenómeno.

Es posible que cada cual vea lo que desea ver y no lo que es en realidad

Avilés y La Rochelle

Avilés es un pequeño concejo de 26 kilómetros cuadrados de superficie situado en el centro de la costa asturiana. Su cercanía a la capital, Oviedo, me permitió una rápida escapada motivada por el hecho de que el escudo del concejo había llamado mi atención. Este no poseía cruces sospechosas ni ningún símbolo que de manera evidente estuviera indicando cualquier referencia con el Temple, pero lucía una gran nave con velamen que indicaba la importancia marítima del lugar,

Iglesia de San Francisco, convento con aspecto de fortaleza.

Cueva del ermitaño y restos de la capilla después de la restauración.

Ángel que desciende del cielo para recoger la sangre de Cristo en un cáliz.
El grial resulta evidente.

hecho evidente al tratarse de un puerto. A pesar de todo, mi intuición me llevó hasta allí.

Aunque en sus primeros tiempos la historia de Avilés resulta confusa, puede afirmarse que en las proximidades de su costa hubo asentamientos humanos desde hacía unos cien mil años. Su historia empieza a documentarse en torno al siglo X, en el que una realidad urbana situada en el fondo de la ría se desarrollaba bajo la protección del castillo de Gauzón o Gozón, situado en el Peñón de Raíces, que defendía a la población de las incursiones piratas. Fue precisamente en este castillo donde se elaboró la famosa y conocida Cruz de la Victoria en el año 908.

Avilés era ante todo el puerto de Oviedo, un enclave a menos de una jornada de camino de la capital, por cuya ruta transitaban todo tipo de mercancías que convertían a la localidad en el granero de la capital. Entre los productos con los que se comerciaba, muy pronto la sal demostró su valor estratégico en lo económico. Rápidamente la Corona estableció su almacenamiento, con lo que percibió sustanciosas ganancias.

Se hacía patente que el escudo era la exacta representación de la relevancia que tuvo Avilés en la Edad Media. Ello me empujó a seguir buscando las ya tradicionales pautas en el "modus operandi" de la Orden. Montañas consideradas sagradas, dólmenes, menhires, castros, fuentes milagrosas, enclaves que hubieran constituido focos de peregrinación, etc. Nada, el pequeño concejo no poseía ninguno de esos parámetros tan afines a los típicos asentamientos templarios.

Como no era cuestión de caer en el desánimo a la primera de cambio, seguí intentando buscar nuevos datos e información por si conseguía alguna pista de cierta relevancia. Así fue como supe que, en 1155, le fue concedido a Avilés un fuero por parte de Alfonso VI, documento de valor singular para la historia de la ciudad, pues le reportaba un conjunto de privilegios. Así, desde el siglo XII, se convierte en la segunda ciudad en importancia de Asturias, el primer puerto del Principado y uno de los más importantes del área cántabro-atlántica[14].

Después de la obtención de estos datos, mi interés fue creciendo a medida que iba conociendo la importancia de dicho puerto. Tenía en mente a la famosa y a la vez misteriosa flota templaria y a sus rutas marítimas, conocidas unas e intuidas otras. A todo esto, cabía añadir esa supuesta ruta hacia el Nuevo Mundo, supuesta pero no probada, de la que traían "L'argent", palabra francesa que además de dinero significa el preciado metal, la plata. Plata que posiblemente ayudó en gran medida a costear la construcción de catedrales en una época en la que el dinero no era precisamente abundante.

Finalmente encontré aquella información que me ofrecía la oportunidad de comprobar si el Temple pudo tener alguna relación con la ciudad. El comercio de la sal lógicamente no fue el único. Ya en pleno siglo XII, el amplio marco comercial comprendía el cabotaje cantábrico y el comercio con el sur de la Península, Portugal, el norte de Europa y sobre todo (ese sobre todo, fue para mí, como si se me hubieran abierto las puertas del cielo) el occidente de Francia, de donde llegaban sal, vino y los famosísimos paños de La Rochelle

Por fin se nombraba el importante puerto de La Rochelle. Era una buena pista para empezar. En dicha localidad, la orden estableció una Casa Provincial que dirigía las bailías y encomiendas en un perímetro de hasta ciento cincuenta kilómetros del que partían, asombrosamente, seis grandes rutas que cubrían todo el territorio francés. La importancia de dicho puerto no se ve reflejada en los documentos que se poseen en el país vecino, posiblemente a causa de la escasa importancia demográfica que tenía dicha localidad. Como vemos, los documentos no pueden tomarse a pies juntillas.

Después de recorrer algunas calles y plazuelas del casco viejo llegué finalmente ante la iglesia conocida como de San Francisco.

La actual iglesia de los padres franciscanos fue la antigua iglesia parroquial de San Nicolás de Bari, de cuya fábrica primitiva de finales del siglo XII o principios del XIII sólo permanecen en pie la portalada y el muro de la fachada. El resto fue restaurado por Pedro Solís en 1499 y las obras del siglo XVII reformaron todo el cuerpo de la iglesia

---

14 Con Alfonso VI, el movimiento urbano renovador de las viejas ciudades militares y episcopales propicia las inmigraciones de los francos y las peregrinaciones jacobeas, consecuencia del auge que han adquirido las reliquias de San Salvador de Oviedo. La estrecha relación entre repoblación, comercio y peregrinación, a finales del siglo XI, llega a formar importantes colonias de francos en Oviedo y en el antepuerto de Avilés. El fuero de Avilés permitía a los francos o extranjeros de esa villa "usar de sus mercancías en gran tranquilidad", según el testimonio del Cronicón anónimo II de Sahagún. "Historia de Asturias", Ediciones Ayalga, Salinas.

y su capilla mayor. La sacristía sufrió cambios en el 1742 y la capilla de Cristo en 1729.

Esta mezcla de estilos no distrajo mi atención cuando eché una mirada general al edificio. Tenía el aspecto de un convento fortaleza, tan común en las construcciones que poseía el Temple en el interior de las ciudades o en sus cercanías. A ambos lados de la puerta pude apreciar algunas marcas de cantero casi imperceptibles y algunos signos inidentificables, así como unos rostros, posiblemente de época más tardía.

Lo más importante en aquel momento era poder localizar posibles indicios, lo suficientemente claros como para obtener alguna pista sobre una hipotética presencia templaria en tan relevante puerto del Medioevo.

Cuando miré hacia arriba vi un friso cuyos canecillos poseían las imágenes ecuestres de lo que parecían ser caballos, mulas o asnos. Estos animales tal vez eran la representación del comercio de aquel tiempo, cargados con las mercancías o tirando de sus carros. Fue entonces cuando, entre los espacios que ofrecían estos canecillos, distinguí en las metopas unos círculos que me eran familiares. En su interior aparecían unas X o cruces de San Andrés. Pero estas no estaban formadas por las aspas tradicionales sino que tenían cruces paté lobuladas en sus extremos. Aquel tipo de cruz estaba presente en otros edificios y en otras comunidades.

No me es posible afirmar, y dudo que pueda hacerlo algún día, que aquellas cruces pertenecieran a la Orden del Temple, pero el hecho de que la ciudad tuviera relaciones comerciales con otros puertos franceses y que La Rochelle figurara entre ellos implica tener, en primer lugar, el conocimiento de su existencia, en segundo lugar, un posible contacto y finalmente una relación directa con la Orden.

Podemos añadir que si en la Península los caballeros del Temple participaron en la Reconquista, el puerto de Avilés podía fácilmente convertirse en un centro estratégico de primer orden. Existan o no documentos que lo avalen.

Santo Adriano de Tuñón ofrece en su escudo cinco veneras
o conchas y la cruz patriarcal.

Iglesia de santo Adriano de Tuñón.

La torre de Proaza es el único resto visible del castillo del siglo XII.

El Lignum Crucis de santo Adriano

La experiencia de Avilés volvió a repetirse cuando vi el escudo del concejo de Santo Adriano. En él pueden apreciarse, entre otros elementos, cinco vieiras o conchas, símbolo de los peregrinos de Santiago y una cruz patriarcal. Esta cruz, comentada en otro apartado, aparece en escasas ocasiones y raramente en la Heráldica. Ello me impulsó a visitar dicho concejo, siempre con la esperanza a cuestas.

Santo Adriano posee uno de los yacimientos prehistóricos más antiguos de Asturias. La cueva del Fornu o del Conde ha ofrecido a los especialistas fragmentos de hueso y arte parietal. Así mismo, la denominada cueva del Ángel ofreció material lítico y también óseo. Finalmente el abrigo de Santu Adrianu posee alrededor de una treintena de pinturas de ciervos y bóvidos. La riqueza de este pasado se ve incrementada con la llamada Cultura Castreña, con los castros de Picu Constancio y el Collán.

También es de cita obligada el famoso desfiladero de las Xanas, camino que, tras partir del pueblo del mismo nombre, acaba en Pedroveya, ya en territorio del concejo de Quirós. Su recorrido es de indescriptible belleza; atraviesa bosques y saltos de agua que nos recuerdan esos mitos y leyendas de la tradición cuyas protagonistas son aquellas mujeres de incomparable belleza que, con sus embrujos y sortilegios, cautivaban a quienes se atrevían a pasar por sus dominios.

De nuevo aparecía el entorno adecuado. Mitos y leyendas ancestrales, cuevas, castros y antiguas tradiciones venían a recordar las constantes repetidas en innumerables ocasiones.

Situado en la vega del Trubia, Tuñon se organizó en torno a la iglesia de Santo Adriano, fundada por Alfonso III en el 891.

La iglesia fue al principio una fundación prerrománica, pero la documentación existente es motivo de controversia. La carta fundacional fecha su documento el 24 de enero del 891, ante la presencia de los obispos de Coimnra, Iria y Astorga, además del de Oviedo. Sin embargo, hay serias dudas sobre su autenticidad y cuáles de los datos del documento son ciertos. No cabe duda de que la donación fue realizada por el rey Alfonso III y su esposa doña Jimena, pero las donaciones efectuadas por dicho rey, que amplían el patrimonio monástico en el 894, no pueden autentificarse.

Es a partir del siglo XIV cuando se documenta la verdadera vida de Santo Adriano. La historia de dicho territorio, así como la de todo el valle del Trubia, estará condicionada por su dependencia respecto al Cabildo Catedralicio ovetense. Así, en 1348, el obispo Alfonso Peláiz concede la encomienda de Santo Adriano a Gonzalo Bernaldo de Quirós, que más tarde pasará a manos de su hijo, Lope González de Quirós.

Tengamos presente que la saga de los Quirós fue la de una familia influyente y muy importante en la historia de Asturias, además para el tema que nos ocupa, ya que algunos de sus miembros pertenecieron a distintas órdenes militares en su momento.

Si en Castilla, Murcia, León y Cataluña existen estas cruces patriarcales documentadas y de custodia insistentemente templaria, cabe preguntarse qué sucede con la de Tuñón.

Santo Adriano de Tuñón se halla en una zona de peregrinaje al norte de los concejos de Proaza, Teverga y Quirós, que poseen la mayor concentración de castillos del Principado y no por casualidad. Además, linda con el concejo de Morcín y con su misterioso Monsacro.

Este hecho nos lleva a una pregunta obligada: ¿Cabe la posibilidad de que la Orden del Temple ignorase la existencia de dicha cruz? ¿Acaso el Principado no extendía por aquel entonces su jurisdicción por tierras leonesas y cántabras? Resulta difícil aceptar que el Temple leonés, por ejemplo, desconociera las tierras situadas al norte de sus posesiones[15].

Mi búsqueda resultó infructuosa y no conseguí encontrar documentos, referencias o datos sobre dicha cruz. Finalmente, mi interés por el Temple Asturiano me llevó hasta la persona de Rafael Rodríguez Prado, quien en su momento se había interesado por el mismo tema.

Hace ya algunos años, cuando efectuaba una de sus múltiples excursiones, tuvo ocasión de conseguir unas instantáneas antes de que la cruz fuese trasladada al Museo Diocesano de la catedral de Oviedo. La proverbial amabilidad de Rafa me permite ofrecerla a los lectores.

No puedo afirmar que Santo Adriano de Tuñón fuese un asentamiento templario, pero la circunstancia de que por su territorio pasaran los peregrinos que, tras visitar El Salvador en Oviedo, se dirigían hacia Santiago y tenían que pasar forzosamente por tierras leonesas custodiadas por el castillo de Ponferrada, obliga a muchas preguntas.

---

[15] Se dice que los templarios levantaron torres de defensa en el territorio de Tuñón allá por el siglo XII y que hasta no hace mucho existía una que con los años fue solar de Alfonso García de Tuñón, a quien el Obispo de Oviedo encomendara las torres de Proaza y Proacina. Magín Berenguer, "Rutas de Asturias". Información de Víctor Guerra.

"Lignum Crucis" de San Antonio de Tuñón.
(Fotografía cedida por Rafael Rodríguez Prado).

Parte posterior del "Lignum Crucis.
(Fotografía cedida por Rafael Rodríguez Prado).

CAPÍTULO 7

OTRAS PISTAS, OTROS INDICIOS

Con el tiempo, vamos comprobando las relaciones existentes entre toponimias, enclaves considerados mágico-sagrados, monasterios, ermitas e iglesias a las que cabe añadir las rutas de peregrinaje. Para unos no son más que coincidencias, casualidades debidas al azar o a consideraciones puramente subjetivas. Para otros, se trata de un plan medido, calculado y organizado al que sólo acceden aquellos que poseen la información y los conocimientos necesarios para seguir una ruta iniciática.

Arte, historia, leyenda y religión se conjugan en estos enclaves. Son lugares para la sorpresa que poseen en sus muros misterios por resolver y secretos escondidos en cada piedra. Veremos otros símbolos que irán apareciendo en este nuevo recorrido, en esa búsqueda incansable de documentos pétreos que son mudo testimonio de un pasado desconocido.

Escudo del concejo de Sariego. Luce una jarra (¿grial?) con cinco azucenas.

El vecino concejo de Siero presenta la misma imagen. Ambos concejos poseían en su territorio caminos de peregrinaje a Santiago.

LA IGLESIA DE SANTIAGO

En la zona centro-oriental del Principado se encuentra el concejo de Sariego del que cabe destacar la iglesia de Santiago, cercana a Carcabada y próxima a uno de los ramales del camino a Compostela.

La construcción posee celosías prerrománicas, capiteles románicos y restos de pintura en la bóveda de la capilla mayor, realizada en la ampliación que experimentó el edificio en el siglo XVI.

Tal vez lo más interesante en esa búsqueda templaria sea la gran piedra que a modo de dintel se halla encima de la puerta que da a la sacristía. Esta losa posee en su centro una cruz paté inscrita dentro de un círculo y tiene botones en los intersticios que dejan sus cuatro brazos, además de dos inscripciones a ambos lados, una de ellas en latín y la otra en griego. Este relieve recuerda a otro semejante que se encuentra en un pueblo soriano que visitaremos más adelante.

Una vez más, nadie sabe dar razón de esa piedra. Por toda respuesta se me indica que "siempre estuvo allí". Tal vez dicha losa se encontraba en las cercanías de la iglesia y después de las reformas realizadas a lo largo de los años fue colocada en dicho lugar. Lamentable-

Creo que lo más interesante y a la vez curioso de la Iglesia de Santiago de Sariego, sea este dintel en cuya losa luce una cruz templaria dentro de un círculo y con inscripciones a ambos lados.

mente, resulta imposible saber con exactitud cuál fue su lugar de origen, la importancia que posee dicho grabado y si su finalidad fue puramente ornamental o bien de otra índole.

Santa María de Narzana

Encontraremos otra interesante iglesia en la localidad de Narzana, una vez pasada la capital del concejo, Vega. Habrá que preguntar por dicha iglesia, pues su localización es sumamente difícil. Un camino vecinal, estrecho y cuesta arriba nos conducirá hasta Santa María de Narzana. El paisaje que nos aguarda resultará verdaderamente impresionante, siempre y cuando los dioses nos sean favorables y permitan ofrecernos un día claro y soleado, cosa poco frecuente.

Monumento románico del siglo XII, sobresale la ornamentación de su portada y los canecillos del ábside. La primitiva entrada fue cubierta y es necesario pedir la llave a los vecinos para poder acceder al cobertizo y descubrir la antigua portada.

En ella puede contemplarse una rica simbología encima de la portalada, en cuyos extremos se hallan dos cabezas. El rostro de la

La decoración floral de Narzana nos ofrece la flor templaria.
(Fotografía cedida por Astur Paredes)

izquierda muestra los ojos abiertos y el de la derecha los presenta cerrados. Ya vimos anteriormente en el apartado de la simbología el significado de estos rostros. Sé que el lector se estará preguntando si la "lectura" debe efectuarse de izquierda a derecha o bien al contrario. No pretendo ofrecerle una solución salomónica si le indico que dicha lectura puede efectuarse de las dos maneras. Si así lo hiciésemos podríamos obtener un mismo significado pero con distintos matices.

Si la observación se realiza de izquierda a derecha, habrá que tener los ojos bien abiertos para recibir el mensaje pétreo y los cerraremos más tarde para meditar sobre lo aprendido. Si la visión se efectúa de derecha a izquierda, significa que llegamos con los ojos cerrados, fruto de nuestra ignorancia y de nuestro desconocimiento de otras realidades, como ciegos ante verdades trascendentes. Al final de nuestro aprendizaje permaneceremos ya con los ojos abiertos a una nueva conciencia y un nuevo estado del ser.

Creo que Santa María de Narzana posee muchas de esas claves que convierten a determinadas ermitas e iglesias en especiales. Si observamos la arquivolta central con atención podremos distinguir cómo la decoración vegetal deja en su centro unos huecos que, curiosamente, recuerdan a la cruz del Temple[16].

La iglesia, que posee una interesante y variada iconografía en sus canecillos, ofrece unos símbolos que llaman la atención. En uno de ellos aparecen dos serpientes y lo que parece ser una manzana. De inmediato, viene a nuestra mente la imagen bíblica. Pero si observamos atentamente veremos que lo que en un principio se nos presentaba como la manzana del pecado se transforma en el huevo filosófico.

Estas dos serpientes se convierten en las fuerzas motrices que engendrarán al huevo para que dé nacimiento al mundo. Huevo que es el centro y la fuerza de toda transmutación. El propio René Guénon

---

[16] J. Uría Riu, en "Las Peregrinaciones a Santiago", en el cap. IV: La Ruta de la Costa, menciona lo siguiente en el apartado dedicado a Valdediós: "...pasando por las inmediaciones de la iglesia de Narzana, bello modelo de románico avanzado, que se atribuyó no sabemos con que fundamento a los templarios, a los que tan aficionada se mostró la tradición popular". El autor, a pie de página, da una referencia a la obra de Quadrado, "Recuerdos y bellezas de España: Asturias y León", edic, Barcelona 1.885, pág 277, para comentar lo siguiente: "...se limita a recoger la tradición. Desconocemos que los templarios hayan tenido bienes en Asturias, y aunque muchos de lo que poseían en diferentes lugares de la Península pasaron después de su extinción a la Orden de San Juan de Jerusalén, tampoco figura Narzana, que sepamos, entre los lugares en que tenía posesiones esta última".

dijo lo siguiente: "el simbolismo de la serpiente está íntimamente ligado a la idea de vida". En árabe, la serpiente se llama "el-hayyah" y la vida "elhayat".

Estas dos serpientes nos están mostrando esa dualidad oriental del YIN y el YANG, que representa el equilibrio de la vida y la polarización de la Unidad Primordial, debido a la integración de fuerzas contrarias.

Finalmente, no podemos dejar el concejo de Sariego sin detenernos unos instantes en la observación de su escudo. De entre su simbología, destacan una jarra con cinco flores y una flor de Lys. A buen entendedor...

Aramil

La iglesia de San Esteban de Aramil se halla situada a escasos 18 Kilómetros de la capital, Oviedo, y cercana a la carretera que conduce a Santander. A pesar de que existe cierta confusión sobre su datación, motivada por el deseo de los religiosos de Valdediós de documentar sus derechos sobre el templo, queda claro que en 1216 don Alvaro Díaz adquirió la villa de Aramil a doña Sancha González. De esta procedencia y de la intervención de la nobleza pasó a llamarse la iglesia de San Esteban de los Caballeros. Resulta difícil no sustraerse al recuerdo de otros edificios que pertenecieron al Temple y que son conocidos como "de los caballeros".

Es de destacar que en su decoración existe una constante solar en las metopas del ábside y que dos canecillos llaman la atención. En uno de ellos encontramos a las serpientes ya familiares. El segundo canecillo en cuestión se halla al lado del de los ofidios. Se trata de un rostro que nos atrevemos a calificar de especial, que no se corresponde con el de las imágenes habituales del Románico cuya tosquedad y desproporción son una de sus características. Da la impresión de que dicho rostro posee rasgos del Oriente Medio, o incluso apariencia egipcia por la forma de su tocado. Sus formas estilizadas contrastan enormemente con los rostros hieráticos tradicionales y con las figuras de otros canecillos que le acompañan. ¿Se trata tal vez de un personaje de la cuenca mediterránea, de un hidalgo o de un

Aramil o San Esteban de los Caballeros, siglo XII.

153

caballero? En toda lógica, algunos autores suponen que se trata de la cabeza de Jesucristo[17].

Otros dos canecillos ofrecen las imágenes de dos personajes, tal vez de dos monjes, con el consabido libro en sus manos, cuyo significado ya comentamos en su momento.

Por último, y tal vez lo más chocante de esta iglesia, vemos el cráneo de piedra que se encuentra encima de la puerta oeste. Algunos afirman que perteneció al propio templo y que fue trasladado al cercano cementerio para ser instalado de nuevo en el edificio, años más tarde, con las obras efectuadas posteriormente.

Esta cabeza puede tener implicaciones bafométicas si se añade la leyenda de "La cabeza del herrero", que dicen sucedió en esta localidad cuya iglesia es atribuida al Temple. Sea como fuere tenemos una calavera, unos interesantes canecillos y un "de los caballeros" que inducen una vez más a la formulación de preguntas.

EL ARAMO Y LA ZONA CENTRO

La zona centro del Principado es la que posee la mayor concentración de castillos de Asturias

El camino iniciático entre Oviedo y el Monsacro estaba custodiado y a la vez protegido por los castillos de Priorio y Siones. Los de Tudela y Caleyu, al oeste, custodiaban la ruta de León a Oviedo. Alrededor del ya citado Monsacro se localizaban los de Castiello y Collado y, ya en tierras de Riosa, el de Peñerudes, en el lugar llamado El Teleno, toponimia que se repite curiosamente en el León templario.

Una vez en el concejo de Proaza, hallaremos un torreón que se asegura perteneció al castillo que levantaron los templarios en el siglo XII, al igual que el de Proacina, un poco más al sur. Al otro lado del río

---

[17] "Bajo la cornisa de la cubierta del ábside, toda ella decorada, corre una hilada de canecillos, los cuales están adornados con esculturas en altorrelieve. Figuras de fraile con libros, figura tocando un rebab; otras formas de animales estilizados hasta la abstracción; ofidios con formas esféricas en sus bocas. En el centro una cabeza sola, barbada y de gran nobleza, que pudiera identificarse con la cabeza de Cristo". Y más adelante se indica: "Por último, embutida en el muro del cementerio próximo a la iglesia, hay una pieza. Una calavera en piedra, que debió de pertenecer al sistema del propio templo". Magín Berenguer, Boletín del Instituto de Estudios Asturianos, Año XIV, Abril 1.960, No 39. Información de Víctor Guerra.

Trubia y frente a ellos, cerca de Villamejín, se encontraba el castillo de Gaudi o Gaudio, del que todavía quedan algunos restos.

Más hacia el oeste, el castillo de Bandujo controlaba el flanco del de Traspeña, el cual vigilaba la ruta en dirección al monasterio de Teverga y al valle de Val de San Pedro, que da acceso al Puerto de Ventana. Ya en Teverga, otro castillo protegía lo que hoy es la localidad de La Plaza y el viejo templo de San Pedro de Teverga. La zona estaba defendida por otros dos castillos, el de Monreal y el de Miranda, que fue donado en 1171 a la iglesia de Oviedo y a su obispo D. Gonzalo por el rey Fernando II y la reina doña Urraca, personajes que ya fueron citados en la donación del Monsacro a Rodericus Sebastianiz. Recordemos además que ese monarca estuvo siempre unido a la Orden del Temple.

Sobre un alto que domina el pueblo de San Salvador aún pueden contemplarse los restos del antiquísimo castillo de Alesga. Este perteneció a la casa de Miranda y pasó más tarde a ser propiedad del obispo de Oviedo. Dicha fortaleza dio pie a numerosas leyendas. Durante años, los vecinos excavaron en sus ruinas para buscar tesoros escondidos. Se cuenta también que del castillo partía un túnel secreto que llegaba hasta el río, túnel cuya altura permitía el paso de jinetes.

Fue en el verano de 1930 cuando se encontró el famoso vaso de Alesga. Precisamente, cercano al lugar del hallazgo, conocido como de La Torre, el diccionario Madoz cita la existencia de un convento de templarios que desapareció a causa del hundimiento del terreno.

Si proseguimos por la carretera As-229, ya en tierras del concejo de Quirós, podremos llegar hasta el castillo de Alba, una vez hayamos dejado la localidad de Barzana. Cercano al santuario milagroso de Nuestra Señora de Alba y sobre una altura cercana a los 1200 metros, podremos ver unos pocos restos, pero suficientes como para reconocer la importancia del mismo.

Parece ser que la primitiva imagen de este santuario, antes de ser sustituida por la del siglo XVIII, era pequeña y oscura. ¿Se trataba de otra de esas Vírgenes Negras propias del Temple?

El castillo de Alba estuvo relacionado tradicionalmente con la Orden del Temple. En las actas del proceso contra ella consta que el Maestre Rodrigo Yánez indicó a los inquisidores la imposibilidad de asistencia de algunos caballeros en Medina del Campo en el día señalado: "...unos estaban enfermos, otros muertos...". Sin contar con aquellos de los que se ignoraba su paradero o que: "...estaban exentos de su jurisdicción, como ocurría a Fray Gómez Pérez, comendador de Alba".

Bueida

Todavía en tierras de Quirós y casi colindante con el Puerto de Ventana, que limita con León, de nuevo la tradición indica que existió un convento hospedería para peregrinos que perteneció al Temple y que estaba situado en la localidad de Ricabo. Un poco más al sur se encuentra Bueida, a la que se llega por un camino de tierra. Se cuenta que en dicho pueblo existió un edificio templario ubicado en una huerta llamada "El Caserón", cuyos restos se derribaron hace años. En esta residencia los monjes guerreros se alojaban en invierno y en otra que poseían en Fonfría lo hacían en verano. Parte de esa información la obtuve de primera mano, debida a la cordialidad de los escasos vecinos del lugar[18].

El descubrimiento de gran cantidad de restos humanos hace años vendría a confirmar la importancia del emplazamiento. No olvidemos que por dicho territorio pasaba el camino de peregrinaje que se dirigía al Puerto de Ventana y los fallecimientos de peregrinos eran moneda corriente en aquella época. Si a ello se añade la posibilidad de un asentamiento del Temple con su correspondiente cementerio, obtendremos una importante concentración demográfica que podría argumentar el número de restos.

Los vecinos me informaron de que todavía hoy día, cuando se realizan labores o menesteres en el campo y a poco que se remueva la tierra, aparecen huesos humanos. Toda la zona les merece un gran respeto y, por qué no decirlo, cierto temor. Fue entonces cuando pedí su consentimiento para poder excavar. No cabe duda que mi petición fue algo inesperada para aquellas buenas gentes. Finalmente, entre comentarios y alguna que otra risa nerviosa, vi cumplidos mis deseos.

---

[18] Se da la circunstancia de que el coto de Bueida fue propiedad del Barón de Eroles y, curiosamente, existió un caballero de la Orden de Montesa llamado Erimam de Eroles. Como es sabido, al extinguirse la Orden del Temple y fundarse la de Montesa, muchos templarios pasaron a engrosar las filas de la nueva hermandad. Esta información me ha sido facilitada por mi buen amigo Víctor Guerra.

Iglesia colegiata de San Pedro de Teverga. Posee todos los canecillos con representaciones zoomorfas, excepto dos que poseen rostros humanos.

Al azar empecé a remover la tierra, pero sin resultado. Al poco rato se me acercó uno de los vecinos para indicarme que buscara bajo un hórreo que se encontraba al final del pueblo y cercano a la capilla de Santa Ana. Seguí su consejo, me metí debajo de él y comencé a excavar. En efecto, al cabo de unos minutos aparecieron restos óseos que puse cuidadosamente a un lado para tomar unas fotos mientras algunas mujeres se santiguaban.

Por enésima vez comprobé cómo la tradicional hospitalidad y cordialidad de los asturianos se hacía patente. A ellos les debo haber podido confirmar lo que contaba la tradición.

COLEGIATA DE SAN PEDRO

En el vecino concejo de Teverga se encuentra la Colegiata de San Pedro. El templo, el más antiguo del románico asturiano, se construyó entre 1069 y 1076 para una comunidad monástica benedictina. Poco después, según consta en documentos del siglo XII, pasó a ser colegiata. Se accede a la iglesia por una puerta moderna sobre la que se levanta una torre de veinte metros en la que se distinguen tres pisos.

Algunos afirman que las dos figuras de estos canecillos representan a santos o monjes con los santos evangelios, otros creen que se trata de dos iniciados o sabios con el libro del conocimiento.

Llama la atención el vestíbulo, compuesto por tres naves muy bajas que dan una sensación de pesadez y a la vez un halo misterioso debido a la oscuridad provocada por lo bajo de las bóvedas.

Dicen que fue construida por los templarios, aunque ello no es posible debido a las fechas fundacionales. En cambio, posee unos pocos elementos que hacen posible un asentamiento posterior. Precisamente en esta zona enigmática, existen unas extrañas oquedades de distintos tamaños en los muros, que bien pudieron servir para ritos desconocidos.

Pregunté por esas raras cavidades y la respuesta que recibí fue muy simple: "Servían para poner las velas...". Pregunté de nuevo por ellas y esta vez por sus distintas medidas, pero la respuesta fue mucho más simple y contundente: "Sepa usted que existen diferentes medidas de velas, ¿no?...". No había porqué darle más vueltas, estaba claro, creo que servía para poner velas...[19]

---

[19] "Además existe una colegiata bajo la advocación de San Pedro, cuyo edificio se cree que fue obra de los templarios". Pascual Madoz. "Diccionario Geográfico-Estadístico-Histórico de España y sus posesiones de Ultramar". Madrid 1845-1850.

Serpientes entrelazadas y rostro estilizado de rasgos orientales que, en primer instancia, se identifica con la representación de Jesucristo.

Seguía en esta zona de la iglesia y, ante el temor de recibir otra exhaustiva explicación, opté por no hacer más preguntas y seguir por mi cuenta la observación de la misma. En uno de los capiteles vi la figura de un animal que parecía hallarse pisoteando una cruz. Mientras escuchaba en la lejanía al guía, que comentaba que se trataba de una escena demoníaca en la que un felino pisotea la cruz, recordé uno de los rituales de la Orden por el que fueron acusados los templarios: cuando pisoteaban la cruz trascendían lo aparente, en pos de lo simbólico.

Frente a ese capitel se encontraba otro con la imagen inclinada de una figura humana que lucía una espada o un largo puñal. Resulta dudoso que, si se tratara de un monje, sus hábitos no llegaran hasta sus pies. Si a ello le añadimos la espada, la imagen no deja de ser chocante.

Podría aducirse que se trata de algún personaje relevante de la época. Si así fuera, dicho personaje, en toda lógica, estaría situado en algún lugar preferente de la iglesia, en un sarcófago o bien representado en una estela o lauda. No es posible llegar a conclusión alguna, pero debemos siempre tener presente que los templarios eran monjes y guerreros, hábito y espada.

Si nos dirigimos hacia el claustro accederemos a él por una pequeña puerta situada a la izquierda del recinto abovedado. Una vez

Sextafolia - Poliskel dentro de un círculo.

en ella podremos contemplar, al frente y a la derecha, una hermosa flor de Lys y a su lado un caballero con su montura.

Tal vez este nuevo recorrido sólo sirva para sumergirnos en más dudas y más preguntas. Pero ellas serán las que nos empujarán a proseguir en nuestra andadura para buscar nuevas pistas y nuevos indicios.

San Vicente de la Barquera

La proximidad de la localidad de Llanes con la vecina Cantabria nos permitió efectuar un alto en el camino por tierras asturianas. Seguimos por la N-634, que bordea la costa, y fuimos hacia Unquera, ya en territorio cántabro, para dirigirnos hacia San Vicente.

Situada a 62 Km de Santander, en la costa occidental de Cantabria, San Vicente de la Barquera cuenta con uno de los puertos pesqueros más importantes de la región. Este municipio, cuya fuente económica principal son el turismo y la ganadería, se halla situado en pleno corazón del Parque Natural de Oyambre.

Los primeros datos históricos conocidos se sitúan en la época romana, en la que, según parece, los orgenomescos, tribu de cántabros,

Cruz latina y cruz templaria e
inscripciones de nombre y marcas
de cantero.

Cruz monjoie o monxoi.

utilizaron como salida al mar el puerto de San Vicente. Alfonso I, el Católico, en el siglo VIII, repobló esta villa que consiguió un notable desarrollo gracias a los privilegios obtenidos por medio de los Fueros otorgados por Alfonso VIII en 1210.

La historia marinera de San Vicente va paralela con la de las famosas Cuatro Villas de la Costa, a las que pertenecía. Destacan entre sus gestas la participación en la reconquista de Sevilla o las expediciones a Terranova para la pesca del bacalao. La visita del que fuera emperador Carlos I a la villa en 1517 constituye uno de sus momentos de mayor esplendor.

Sus viejas fortificaciones datan del siglo VIII y han sufrido desde entonces diversas reformas hasta ofrecer su aspecto actual. Decanas de las fortificaciones costeras, su situación privilegiada las convirtió en inexpugnables ante las diversas incursiones normandas y vikingas.

Del castillo parte la muralla que rodeaba la vieja ciudadela, de la que aún se conservan sus fachadas norte y oeste, así como las puertas que debían atravesar los peregrinos que utilizaban la ruta costera del Camino de Santiago.

Acompañado por una agradable brisa marina que me aliviaba del fuerte calor veraniego, subí la cuesta que llevaba hacia el interior del

Debajo de la ventana aparece una cruz templaria.

Hugo de Payns, primer maestro y fundador de la orden del temple. Grabado del siglo XVII.

Cruz que puede compararse con el grabado del siglo XVII.

recinto amurallado. Ya en lo alto, pude contemplar el bello paisaje dominado por una amplia ría, extensas playas, agrestes acantilados y, como telón de fondo, la imponente mole de los Picos de Europa con sus cumbres siempre nevadas.

Mi interés se centraba principalmente en la iglesia de Nuestra Señora de los Ángeles, de modelo mixto y construida durante un largo periodo de tiempo, entre los siglos XII y XVI, muy posiblemente sobre otra iglesia anterior. Su conjunto armonioso acusa las características del gótico montañés. Sus importantes dimensiones son signo evidente del desarrollo que alcanzó la villa durante los siglos XII y XIV. Su aspecto recordaba a otros templos fortaleza como el de la Basílica-Colegiata de Llanes o el convento de San Francisco, en Avilés, ambos en Asturias, y también el de San Nicolás de Portomarín, en Galicia.

Las gestiones realizadas para poder visitar el interior de la iglesia resultaron infructuosas así que tuve que contentarme con una única visión de su exterior. En sus muros pueden verse distintos tipos de cruces y algún que otro signo que recuerda a los poliskeles asturianos. La mayoría de ellas se encuentran inscritas dentro de círculos solares, excepto alguna que otra cruz Monjoy y una latina pintada de rojo. Esta cruz coloreada se halla en una esquina, acompañada de una inscripción de la

El arcángel San Miguel con un escudo y la cruz del temple
que aún conserva restos de pintura roja.

que sólo pude distinguir lo que parece ser un apellido: Sánchez. En su parte inferior había una fecha que no pude descifrar. A su lado y en el otro muro se distingue claramente una cruz paté dentro de un círculo.

A medida que se recorren sus contornos pueden distinguirse un par de cruces de brazos iguales y otras cuyos brazos son flordesilados y completan todo un rosario de signos. Una de estas cruces, que apenas se distingue, se halla bajo una ventana enrejada y a una altura considerable. No creo equivocarme si la considero como otra cruz paté. Otro de estos símbolos crucíferos recuerda a su representación efectuada en siglos posteriores, como la que adjunto, a pesar de que en la mayoría de ocasiones se trata de idealizaciones poco fiables que se asemejan, como en este caso, con las que se encuentran en Nuestra Señora de los Ángeles.

También en los muros del edificio pueden distinguirse algunas marcas de cantero en los sillares que están repartidos a lo largo y ancho de la construcción y obligan al observador a ser paciente para ir encontrando estos signos lapidarios. Llegué a distinguir hasta siete modelos distintos, dos de los cuales aparecían invertidos, tal y como sucede habitualmente. Lamentablemente, no pude distinguir otras posibles marcas, tal vez por hallarse fuera de mi alcance visual.

Apenas si quedaba tiempo para más. Teníamos que regresar impelidos por esa costumbre común hoy día que nos empuja a hacer lo máximo en el menor tiempo posible. Mientras deshacía el camino de regreso me detuve unos instantes frente a un viejo edificio, todavía dentro de la ciudadela. En lo alto, encima de un pórtico y entre los huecos de dos ventanas, la imagen imponente de San Miguel parecía observarme. Quedé atónito cuando vi que la figura alada sostenía un escudo con la cruz del Temple, que todavía conservaba restos de pintura roja. Tuve mucha suerte, no sólo por el hallazgo sino porque en la cámara quedaba una última instantánea y, a pesar de que el negativo no poseía todo el formato, creo que el documento merecía ser reproducido.

Mi interés por dicha imagen estaba motivado por la importancia que poseía el Arcángel, jefe de las milicias celestiales, denominado "el de la espada luminosa", al que se le dedicaron numerosas iglesias en el siglo XII y fue advocación para benedictinos y templarios. Representado generalmente matando al dragón, sinónimo del mal y de lo negativo, su interpretación fue distinta para los iniciados de todos los tiempos. El dragón, al igual que la serpiente, representa a los guardianes del conocimiento y las leyendas de San Miguel, San Jorge o San Marcelo son versiones sincréticas de la victoria del iniciado.

Capítulo 8

Por archivos y bibliotecas

S i la investigación sobre el terreno resulta imprescindible para llevar a cabo un estudio sobre posibles asentamientos templarios, no lo es menos el consultar documentos, cartularios o legajos polvorientos. Ello puede permitirnos verificar el trabajo que estemos llevando a cabo. Una referencia, una fecha o un simple comentario pueden ofrecernos aquel indicio que precisamos para confirmar que nos hallamos en el buen camino.

Recorrer archivos, museos o bibliotecas es camino obligado si lo que pretendemos es que nuestro trabajo tenga un mínimo de fiabilidad y rigor. El trabajo de campo tendría que ir acompañado, siempre que ello fuera posible, por un máximo de referencias documentales, aunque pudieran parecer insignificantes.

En ocasiones, podremos caer en el error de no prestar la atención necesaria a los comentarios o reflexiones de algunos autores por considerarlos simplemente como apreciaciones personales. Precisamente, esa aparente subjetividad será la que nos permitirá tomar contacto con la personalidad del autor y sus argumentos. Tengamos presente que nuestra búsqueda, aunque personal, no será en modo alguno exclusiva, simplemente estaremos siguiendo las huellas de aquellos que nos precedieron.

DISSERTACIONES HISTORICAS

DEL ORDEN, Y CAVALLERIA

DE LOS TEMPLARIOS.

O RESUMEN HISTORIAL

DE SUS PRINCIPIOS, FUNDACION, INSTITUTO,
Progreſſos, y extincion en el Concilio de Viena,

Y UN APENDICE, O SUPLEMENTO,

EN QUE SE PONE LA REGLA DE ESTA ORDEN,
y diferentes Privilegios de ella, con muchas Diſſertaciones, y
Notas, tocantes no ſolo à eſta Orden, ſino à las de S. Juan, Teutoni-
cos, Santiago, Calatrava, Alcantara, Avis, Monteſa, Chriſto, Monfrac,
y otras Igleſias, y Monaſterios de Eſpaña, con varios
Cathalogos de Maeſtres.

SU AUTOR

EL LIC. DON PEDRO RODRIGUEZ CAMPOMANES
*Abogado de los Reales Conſejos, y de los del Iluſtre Colegio
de eſta Corte.*

EN MADRID:

En la Oficina de ANTONIO PEREZ DE SOTO, calle de la
barrios del Carmen. Año de M.DCC.XLVII.

Campomanes es el autor al que se consulta generalmente cuando se desea realizar
un estudio sobre la orden del Temple.

168

24 DISSERTACIONES HISTORICAS

La palabra *derechuras* de que usa la Concordia, fuè
muy usada en aquellos tiempos en todos los Privilegios
que se despachaban, y tanto queria significar, quanto el
Castellano *derechuras* en tiempo del Rey D. Alonso el Sabio, que fuè el primero que en el año de 1260. mandò por
punto general despachar todos sus Privilegios, y Albalàes
en lengua Castellana, ò Romance, (*p*) como lo acredi-
tan todos los de su tiempo : (prescindiendo de lo que manifiesta su admirable obra de las siete partidas, y fuero de
las leyes) y la palabra derechuras es colectiva como el latino *jus* derecho, y assi debaxo del nombre directuras com-
prehendieron efectivamente sus bienes, y derechos ; y de
esta palabra se usò con frequencia, especialmente en los
Privilegios de Asturias, y Galicia, y assi la entendiò Du-
cange. (*q*)

Tambien es de reflexionar el modo de la alianza, que
entre sì forman estas tres Religiones, que à la primera ins-
peccion parece disonante, y aun repugnar, que tres parti-
culares, ò Barones, que no tienen *jura regalia* en modo
alguno, y quando mas eran unos meros Señores de Vassa-
llos, hicieron entre sì alianza, y mas con la expressión que
contiene de que fuesse ofensiva, y defensiva contra qualef-
quier hombres, y aun contra el Rey ? Pero esta dificultad
solo lo es en el nombre, porque nada mas usado en aquellos tiempos, que semejantes alianzas ; pues estas tenian
dos fines, uno para guardar entre sì la reciproca corref-
pondencia que les era precisa, por haver de concurrir jun-
tos à tomar las armas en las fronteras, socorriendose los
de unos Castillos à otros, porque lo regular era, que sus
heredamientos fuessen en fronteras de Moros, como suce-
diò à la Orden del Temple, que tenia à Carabaca, Cehe-
gìm, y otras Villas, y Castillos en la frontera contra el
Rey,

(*p*) Garibay, lib. 23. cap. 9. pag. 203.
(*q*) Glossar media, & infima latinitatis, tom. 2 column
2 usq. verb. Directura.

Página de la voluminosa obra de Campomanes
en la que se cita a Asturias y Galicia

Alfonso de Casares   Careaga

Insignes autores han concedido en sus obras una mención a la tradición, hecho que no podemos considerar como meramente anecdótico. Estas referencias contienen por lo menos el grado de verosimilitud que se merece esa tradición que supo mantener vivas, a través de la transmisión oral, historias mitos y leyendas. Esta tradición tantas veces citada y tan pocas comprobada.

A pesar de las escasas fuentes documentales, ya indiqué que casi inexistentes, algunos autores citan al Temple en sus trabajos. Tal es el caso de J. Uría Riu, quien expone en su obra: "Las Peregrinaciones a Santiago", Vol IV, capítulo XXI, apartado dedicado a la Ruta de La Costa, lo siguiente: "...Una vieja noticia manuscrita de finales del siglo XVII nos dice, refiriéndose al riachuelo que allí desagua en el mar, que lo hace en el sitio que llaman de los romeros y por eso a este riachuelo llaman río de los romeros", y agrega que "su desagüe está más de quinientos pasos del sitio donde estaba la antigua Iglesia o monasterio de Caravia", y que "casi llega el agua de mar donde hay el vestigio o Mina subterránea donde dicen hubo una Ospedería de Templarios". Y finaliza sus observaciones con las siguientes palabras: "no he visto instrumento que lo acredite"[20].

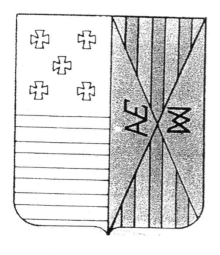

González de la Vega

Ibías

En la localidad de Luarca, en la calle de la iglesia, frente al templo parroquial y en el solar que hoy ocupa la casa nº 10, existía un hospital de peregrinos fundado por Alfonso González Rico en 1440, según escritura otorgada ante el escribano García Méndez. El autor, Uría, añade en su obra "El Camino de Santiago", pág. 566-7, una nota en la que indica lo siguiente: "Cita esta escritura M. Trelles y Villademoro en Asturias ilustrada, tomo III, parte tercera, págs 207-8, agregando que el fundador hizo donación al hospital de unas casas que tenían junto a la iglesia parroquial de la villa. No sabemos si la tradición vulgar que atribuía a los templarios un hospital en Luarca se referían a este mismo"[21].

La alberguería de Copián, en el concejo de Olloniego, mandada edificar en 1103 por Alfonso VI, tuvo una iglesia dedicada a Santa María cerca de la cual el obispo de Oviedo, D. Juan, mandó levantar una cruz de término. "El vulgo decía en el siglo XVIII, que había

---

[20] Papeles de Martínez Marina en la Real Academia de la Historia. También A. de Llano, "El libro de Caravia". Oviedo 1919.
[21] "Nada menos que a los templarios, una insegura tradición refiere el sostenimiento del antiquísimo albergue de peregrinos caminantes a Compostela en la calle de la Iglesia". F. Canella. "Asturias" pág 350, 2º apartado.

Méndez   Onís

habido allí Templarios, tal vez repitiendo una explicación popular que en otro tiempo se dio a algunas edificaciones ya en ruinas"[22].

En el concejo de Tineo y en la localidad del mismo nombre existió el convento de San Francisco. En la actualidad, de este antiguo convento no queda más que la iglesia, con portada de estilo ojival y con animales entre ramajes en sus capiteles. Parece ser que su construcción es de finales del siglo XIII. El franciscano P. Waddinha Hiberno, cronista de esta orden, indica que este convento fue en principio habitado por monjas templarias. Si el asentamiento de los caballeros templarios en Asturias es por sí mismo polémico, todavía resulta mucho más controvertido poder confirmar la existencia de monjas templarias en el Principado. Me limitaré a transcribir los datos que ofrece el Pbro. Claudio Zardaín en su obra *Remembranzas de Antaño y Hogaño*, que en su página 109 dice así: "...noticia alguna de ellos. Sin embargo, por cierta curiosidad y a manera de recuerdo, transcribimos el documento que dice que existieron las templarias o los templarios en este convento. En la gran biblioteca de la Universidad de Salamanca, al rebuscar entre

---

[22] Citado por Uría Riu en "El Camino de Santiago". También el propio Jovellanos en sus "Diarios", edición de 1915, expone en la página 112: "Que en el despoblado de Coián, le atribuía el vulgo haber sido de los Caballeros Templarios".

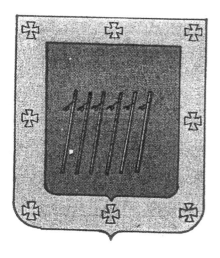

Pataguín

Pelaez de Arganza

pergaminos y antiguos cronistas de las órdenes religiosas, encontré, por fin, la obra magna de Gudondo, titulada *Annales, autore A. R. P. Waddinha Hiberno*. Y en el tomo octavo, página 26, encontré el documento precioso que a continuación transcribimos y que literalmente copiado dice así: "Crónica importante acerca del convento de San Francisco de Tineo. Conv. Tineti–Ante hunc annum in oppido Tinei, Ovetensis diócesis in hispania, extitisse Minorum domicilium, constat ex inscriptione sepulcrali hoc ipso anno M.C.C.X.L.V. III, incisa.

Traditio est, prius spectasse ad Templarias Moniales atque his extintis, vel alio translates, transmisisse ad Minores a Patribus Conventualibus, sub quibus, egregious Theolohiae Magistris et Concionatoribus aliquandofloruerat, translata est aedes ad Observantes".

La traducción en castellano del precedente documento es como sigue: "Convento de Tineo–Antes de este año, en el pueblo de Tineo, de la Diócesis de Oviedo en España, consta que existió el domicilio o casa de Menores, por una inscripción sepulcral grabada en este mismo año de 1348. Es tradición que primero perteneció a las monjas templarias, extinguidas estas, o trasladadas a otra parte, pasó el convento a los frailes Menores, bajo los cuales había florecido alguna vez por sus insignes maestros de Teología y predicadores. Pasó la casa a los frailes Observantes".

Ribera

Quirós

Cierto día, mi buen amigo Carlos María de Luis, aprovechando uno de nuestros animados encuentros, me ofreció otros datos de interés, esta vez sobre Oviedo capital. Se trataba de la información que ofrecía J. Tolivar Faes, en *Nombres y cosas de las Calles de Oviedo*, editado en la capital ovetense en 1986, que en su página 402 cita que en la actual calle de Mon, que hasta el 6 de noviembre de 1882 se llamó calle de la Ferrería, se menciona en documentos de 1228 la existencia de una "casa de los Templarios". El texto de Tolivar dice así: "De la casa número 8, que hace esquina a la calle de Máximo y Fromestano, se dijo también que había sido iglesia o morada de Templarios. Aquella antiquísima casa fue destruida a principios del siglo XIX".

Como de costumbre no hay datos concretos. Sólo el habitual y desesperante "se dice", "se cree", "se asegura". Esa antigua calle de La Ferrería, que bajaba desde los denominados "Cuatro Cantones", casi al lado de la Catedral, llegaba hasta la puerta de la muralla llamada Puerta o Arco de la Soledad, por la imagen de la Virgen colocada dentro de una hornacina sobre dicho arco. Lamentablemente, esta zona de la ciudad quedó destruida por un tremendo incendio la nochebuena de 1521. No obstante, esta casa de los Templarios parece ser que ocupaba el último edificio de la calle adosado a la muralla, unida al

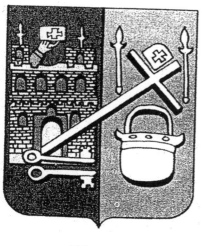

Teleña

Valle

edificio de enfrente por un puente de madera. Este hecho podría suponer que también ese otro edificio les perteneciera. Como su nombre indica, esa calle albergaba a los herreros y espaderos de la ciudad, oficios considerados por la Tradición como poseedores de un alto contenido mágico y esotérico debido al significado de su poder en la transformación de los metales y su interpretación simbólica.

Además, cabe añadir que la calle de La Ferrería era vecina del mercado de la ciudad, que tenía por nombre Azogue, término que posee claras connotaciones alquímicas. Caso de existir esas dos casas unidas por un puente sobre el Arco de La Soledad, en la muralla y en la entrada y salida en dirección a León y Castilla, el Temple tendría un asentamiento de primer orden para la custodia y vigilancia de toda la zona. Tal y como me indicó Carlos María todo ello no deja de ser motivo para la reflexión.

Otro investigador insigne de la historia de Asturias, Eloy Benito Ruano, dice textualmente lo siguiente al referirse a la Orden de San Juan: "Con referencia a los sanjuanistas u hospitalarios, herederos en España de la disuelta Orden del Temple, unos pocos datos se nos han revelado apenas esbozados en un tímido buceo; uno es el empeño de sus rentas asturianas por la Corona en manos de aquella Orden en

Villamil

Valle

1178, otro, la posesión de esta, a mediados del siglo XIV, de un hospital en el término de Siero (A), un tercero, su tenencia de diversos predios y rentas dispersos en los concejos de Grado, Candámo y Salas, organizados junto con otros de la Babia Alta en toda una encomienda titulada de San Juan de Villapañada o Leñapañada, la cual mantenía en el lugar de este nombre, cercano a Grado, otro hospital, datable como tal o convento sanjuanista, a partir de mediados del siglo XIII". (B)[23]

Otro interesante recorrido a efectuar para buscar fuentes de información nos lo puede ofrecer la Heráldica, cuyos escudos y blasones pueden aportarnos nuevos indicios. Además de los escudos propios de las localidades y de los concejos, existen aquellos representativos de familias importantes cuya relevancia estuvo íntimamente ligada a la historia del Principado. Una pincelada por dichos escudos nobiliarios nos conducirá irremediablemente a la formulación de más preguntas y nuevas dudas respecto a su grafismo y a las descripciones que hacen de ellos los especialistas.

---

[23] (A) Archivo de la Catedral de Oviedo. "Libro Becerro de Don Gutierre", folio 445.

En 1269, una tal doña Aldonza Peliz confirma una venta de tierras: "...con otorgamiento de frere Pele moro Balliero". A.H.N., clero, carp 1.576, No 3, procedente del monasterio de Belmonte. Notas publicadas en Asturiensia Medievalia, No1, Oviedo 1972.

Valle

Piedra de armas en la casa de los
Sánchez Teleña.

Podemos empezar por la Heráldica Municipal[24], agrupando aquellos escudos que poseen vieiras o conchas, símbolo representativo del Camino de Santiago.

Belmonte de Miranda: cinco bustos de doncellas puestas en sotuer[25], con una venera de oro en su pecho. Cabranes: cinco veneras. Salas: tres veneras y cinco bustos de doncellas puestas en sotuer, con una venera en su pecho. Somiedo: otras cinco doncellas con veneras. Santo Adriano: cinco veneras de plata y una cruz patriarcal de oro.

En cuanto a las cruces de los escudos en que está representada la Cruz de los Ángeles o la de La Victoria y otras de corte latino o griego, cabe destacar la de Ibías, que es descrita como una cruz de San Juan de plata, y la de Llanes, descrita como una cruz paté. Tal vez donde podamos encontrar mayor información en otros símbolos para mí dudosos sea en los escudos de los linajes asturianos. Una vez consultados los más

---

24 (Manuel María Rodríguez de Maribona y Dávila. "Heráldica Municipal del Principado de Asturias". Colegio Heráldico de España y de las Indias en coedición con la Academia Asturiana de Heráldica y Genealogía. Terminología: Gules, nombre que en heráldica recibe el color rojo. Se representa por medio de líneas verticales. Jefe, parte superior del escudo.

25 Sotuer: es la pieza formada con la banda y barra del ancho de un tercio del escudo. También aspa.

Escudo de los Valdés

Escudo del Concejo de Llanes,
que luce una cruz Paté lobulada

de 1.700 existentes, expongo aquellos que considero más relevantes.

El nº 62, pertenece a Alfonso de Casares y ofrece en el escudo una cruz rodeada por cuatro flores de Lys. El nº 345, el de Careaga, posee una cruz muy parecida a la anterior. El nº708, González de la Vega, cinco cruces tipo paté. El nº 759, Ibías, dos cruces paté. Este linaje se presenta en ocasiones con I latina y en otras con Y griega. El nº 945, Méndez, apellido con una gran cruz paté. El nº 1.104, Onís, se presenta con dos grandes cruces paté. El nº 1.153, Pataquín, con ocho cruces. El nº 1.167, Peláez de Arganza, una cruz. El nº 1.321, del linaje de los Quirós, una de las familias más influyentes del Principado, que da nombre a uno de sus concejos, pertenece a uno de sus miembros enterrado en Portugal. No podemos sustraernos a la idea de que bien pudiera pertenecer a la recién fundada Orden de Cristo. Otros miembros relevantes de los Quirós pertenecieron a las órdenes de Calatrava y Santiago. El nº 1.360, Ribera, una cruz. El nº 1.154, Teleña, dos cruces. Existe otro escudo de los Teleña en Cangas de Onís que pertenece a la casa de los Sánchez de Teleña, en el que puede verse en su parte superior izquierda, entre dos flores de Lys, una enseña con una cruz paté bien definida. Tal vez, una de las familias asturianas con mayor número de escudos sea la de los Valdés. Sus enseñas aparecen en

El Concejo de Ibías presenta una cruz
de las ocho beatitudes

Llanera, Gijón, Salas, Luarca, etc. Como indica Francisco Sarandeses: "Es raro el concejo en que no tropezamos con las armas de los Valdés". El citado autor describe hasta 27 escudos de armas correspondientes a esta familia. De todos ellos elegí el que reproduce la Gran Enciclopedia Asturiana, sobre el que, curiosamente, no encontré su descripción en parte alguna. El lector podrá ver a ambos lados dos leones, un águila coronada y, en el escudo, diez cruces paté inscritas en sus círculos correspondientes. Y el nº 1.727, Villamil, una cruz entre dos veneras.

Finalmente, existen dos interesantes escudos que pertenecen a la familia Valle y que tienen la particularidad de poseer ocho cruces con el aspecto de un T o Tau. Ya indiqué en su momento cómo este signo era utilizado por el Temple en contadas ocasiones, pero también era usado por los antonianos. Antes de barajar cualquier hipótesis busqué información sobre la existencia de conventos o monasterios pertenecientes a la Orden que estuvieran establecidos en el Principado. Hasta el presente no he encontrado documento o información que acredite la existencia de tal comunidad. Cabe la posibilidad de que miembros de la familia Valle tuvieran una especial devoción por San Antonio Abad. Aunque dicha posibilidad parece remota, hay que tenerla en cuenta antes de confeccionar cualquier conjetura o hipótesis al respecto.

Capítulo 9

Más al oeste

Mientras una fina lluvia cae sobre castros y megalitos prehistóricos, los símbolos de los petroglifos guardan silencio. Mouros y Meigas vigilan al intruso, a la búsqueda de tesoros ocultos. El rumor del océano en el Finis Terrae trae a la memoria peregrinaciones ancestrales. Nos encontramos en Galicia y hablar de Galicia es hablar de misterio.

Si existe una personalidad clave en la historia de Galicia esta es, sin duda alguna, la de Diego Xelmírez. Este personaje, conocedor de la constante inestabilidad del mundo feudal, muy pronto se convierte en un alto dignatario eclesiástico con poderes políticos y sociales. Protegido del obispo Diego Peláez, alcanza junto a los miembros de su familia el control de los órganos de poder. Su persona queda rodeada de un mítico halo que el mismo cuida de potenciar cuando manda elaborar la que pasaría a la posteridad como la crónica de la historia de Galicia, conocida como "Crónica" o "Historia Compostelana"[26], en la que aparece glorificado como pieza fundamental.

Xelmírez se convierte en un personaje controvertido pues, además de ser el promotor de la gran Basílica Compostelana, potenciador del

---

[26] "Liber Registri venerabilis Compostellane Eclesie Pontificis didaci Secundi".

Camino Jacobeo y fundador de los primeros astilleros de España, se le acusa de ser el responsable de la desmembración de Galicia con la creación del Reino de Portugal, al que pasan a pertenecer los condados del sur galaico. A pesar de todo, el obispo Xelmírez, históricamente, se presenta como el protector y defensor de la patria gallega.

Es necesario recordar para el tema que nos ocupa que el obispo en su "Crónica" no cita para nada al Temple, cuando en realidad la Orden ya se había establecido por aquellas tierras. Silenciar su presencia es como negarla. Esta ausencia de datos oficiales ha llevado a estudiosos e investigadores a la ardua tarea de búsqueda por archivos, bibliotecas y museos así como a efectuar algunos trabajos de campo de los que soy empecinado defensor.

San Miguel de Bréamo

Al dejar el Principado de Asturias y circular por la N-634 en dirección a Mondoñedo, pasamos por Vilalba hasta llegar a Guitriz, donde tomamos la N-VI hacia Betanzos, Miño y Pontedeume, nuestro punto de destino en la provincia de A Coruña.

Para encontrar la iglesia de San Miguel, a pesar de que existe un letrero indicativo, hay que preguntar a los vecinos por el camino a tomar debido a la complejidad de la ascensión. Es necesario poseer un buen dominio del volante para poder circular por ese laberinto de callejuelas que se encaraman monte arriba. Mientras se espera no abollar el coche, uno se encomienda a todos los santos del calendario para no encontrarse de frente con otro automóvil. Tras unos minutos angustiosos, mi sufrida esposa aparcó como pudo.

Al cabo de un tiempo, una señora que subía la empinada calle vino en nuestra ayuda y nos indicó cuáles eran los recovecos urbanos a recorrer para llegar a nuestro destino. La mujer nos acompañó amablemente hasta llegar a la carretera que conducía a la iglesia que, situada en una extensa elevación, permite contemplar un extraordinario panorama que compensa el rally urbano anteriormente efectuado.

La iglesia es el único vestigio del que fue el Real Priorato de San Miguel de Bréamo y fue fundada en 1187, según reza la inscripción que se halla en el muro izquierdo de la fachada principal. El edificio constituye uno de los pocos ejemplos de iglesias románicas de cruz

San Miguel de Bréamo, donde se halla
una extraña inscripción desconocida hoy día.

Detalle del relieve que ha provocado
alguna hipótesis sobre su posible significado.

latina. El monasterio, habitado por clérigos regulares de San Agustín desde 1169, fue abandonado en el último tercio del siglo XVI y derrumbado a principios del siguiente.

La tradición (una vez más) atribuye su fundación a los templarios, pero no existen datos históricos que lo certifiquen. Para algunos, la iglesia fue construida sobre un enclave mágico-religioso dedicado a divinidades indígenas y paganas posiblemente de origen céltico, pero de este supuesto tampoco existen evidencias.

Sorprenden la austeridad y simplicidad de la fábrica si las comparamos con otras iglesias cuyas portaladas están ricamente decoradas y poseen una amplia iconografía en capiteles y canecillos. La sobria estructura de esta iglesia, con una puerta sin columnas y unas ventanas que parecen más bien agujeros en los muros, llama poderosamente la atención. El lector se preguntará cuál puede ser el interés por dicha iglesia desprovista de ornamentos. La respuesta puede encontrarse en el muro de la cara norte.

Aproximadamente a unos tres metros de altura y cercanas de la esquina de la fachada, se encuentran unas piedras extrañamente labradas que forman unas proporciones y medidas concretas. Según el investigador Atienza, podrían tratarse de espacios calculados matemáti-

Capitel de la izquierda: frutos, signos herméticos. Aves en el primero
de la derecha y la cruz patriarcal en el tímpano.

camente para que la línea horizontal medianera diese por abajo una
proporción de 3/7/3/7, mientras que, por la parte superior, resultaría
un espacio de 3/15. En consecuencia, dicho autor considera que existía
una finalidad para su realización, pero lamentablemente se desconoce.

Por otra parte, podría tratarse de una evidencia escriptológica, es
decir, cierto tipo de escritura desconocida para la mayoría de especialistas hispanos: la Escritura Ogámica.

Este sistema fue utilizado por los antiguos irlandeses y su estructura se basa en una numeración simple según unos 15 caracteres en su
forma más antigua y 20 en la más tardía, al parecer perteneciente a
época cristiana.

El llamado *Códice de Ballymote* contiene el método para la interpretación de estos signos. Mientras que egipcios y babilonios utilizaban
una escritura ideográfica, el alfabeto ogámico era una escritura de tipo
fonético.

Según datos oficiales, el Ogam se inspira en la escritura latina pero
el Dr. Barry Fell, catedrático de la Harvard University y presidente
fundador de *The Epigraphic Society*, demostró que el Ogam arcaico ya
era utilizado desde la Edad del Bronce, tanto en Irlanda como en otros
países cercanos de Europa y América. Curiosa y sorprendentemente,

Detalle de la imagen anterior.

según el Dr. Fell, esta escritura y sus variantes más antiguas debieron formarse en algún lugar de la Península Ibérica, probablemente en Galicia o Portugal. La pregunta es obligada: ¿Es posible que este sistema de escritura haya perdurado hasta el siglo XII? La respuesta es sí. El tratado del sistema y su interpretación fueron redactados por el monje que lleva su nombre, Ballymotte, en el siglo XII; actualmente están conservados en la Universidad de Dublín.

Esta posible inscripción ogámica de San Miguel de Bréamo presenta las características de la escritura del códice de Ballymotte y puede ser transcrita de acuerdo con él, y de izquierda a derecha, como: B-H-L. Este escrito consonántico y sin vocales pudo haber sido realizado en alguna de las lenguas de uso corriente en la Galicia del siglo XII. De no ser así, cabría pensar que se trata de una inscripción en lengua extranjera, y por lo tanto desconocida, que puede ser vista desde varios metros de distancia.

Esculpir esta inscripción en aquel muro tendría que tener forzosamente un sentido, ¿pero cuál? Tal vez era la representación de una idea, un concepto que se puso ahí para ser reconocido. Si se trata de otro misterio sin resolver y si se cuenta que el Temple estaba de por medio, ya nada puede extrañarnos.

En la portada oeste se distinguen tres cruces de las utilizadas
por la orden del temple.

Escondida en un capitel, casi en el arranque
de la bóveda aparece la cruz del temple.

Dudo mucho que sepamos su significado o cuál era el mensaje, caso de que lo hubiere, pero de lo que no me cabe la menor duda es que San Miguel de Bréamo forma parte de los muchos enigmas que encierra esta tierra llamada Galicia.

LOS SECRETOS DE NOIA

Cercana al espacio natural de Carnota y la sierra de Outas, la localidad de Noia es visita obligada para todos aquellos que se interesan por los gremios artesanales y las huellas de un pasado nebuloso.

Noia, la antigua Noela, donde la tradición milenaria sitúa el desembarco de Noé tras el Diluvio y la fundación de la ciudad por una nieta suya, Noela o Noega, es uno de los municipios más pequeños de Galicia. En pleno casco urbano se encuentra la iglesia de Santa María a Nova y alrededor de la misma uno de los más desconcertantes e inéditos cementerios medievales.

El hallazgo de centenares de lápidas con insculturas de distintas épocas ha desatado todo tipo de conjeturas e hipótesis sobre el significado de los signos grabados en ellas. Se trata de una serie de símbolos

Iglesia de Santa María a Nova, en la que se han encontrado
más de 250 lápidas gremiales.

Lápidas gremiales que se exponen en el exterior de la iglesia
y que exhiben todo un rosario de símbolos.

cristianos, animistas e incluso esotéricos que se mezclan con lápidas cristianas y otras de tiempos en que se veneraban a otros dioses. Incluso las hay arrianas, propias de una corriente de pensamiento herético que surgió en el seno de la propia Iglesia con la figura de Arriano, que prendió con gran fuerza en parte de la población y que fue duramente perseguida.

Todas estas lápidas procedían de un único cementerio y su cantidad es debida a que su uso se ha realizado ininterrumpidamente hasta el siglo XIX. Al poseer muchas de ellas claras alusiones a distintos oficios, han sido calificadas de lápidas gremiales[27]. Resulta evidente que la inmensa mayoría de estas lápidas no poseen los motivos que

---

[27] Un rótulo explicativo a la derecha de la entrada dice lo siguiente: 1. laudas con representaciones "gremiales" caracterizadas por la aparición de instrumentos de trabajo pertenecientes al gremio al que pertenecía el difunto. 2. laudas con marcas "familiares". Señalan de modo más concreto el individuo o a la familia a la que se adscribía el fallecido. 3. laudas con motivos "heráldicos y epigráficos" con el blasón familiar del representado. 4. laudas con tema "antropomorfo". La figura es su principal decoración. Como dato complementario hay que señalar el continuo reaprovechamiento que, a lo largo del tiempo, sufrieron estas piezas por lo que sus motivos decorativos, unas veces grabados y otras en relieve. En muchas de ellas se encuentran mezclados, lo que complica sobremanera su datación cronológica.

Más lápidas gremiales con diferentes símbolos inscritos en el exterior de
la Iglesia de Santa María a Nova.

caracterizan a los tradicionales signos funerarios, en cambio recuerdan
las inscripciones rupestres de los famosos petroglifos, tan abundantes
en Galicia.

Otras rememoran los signos que utilizaban los gremios de albañi-
les-constructores cuya interpretación desconocemos, provenientes
desde la más remota antigüedad hasta la aparición del gótico. Posiblemente, esta simbología, que se sospecha oculta e iniciática, sea el resultado de un proceso de muerte-resurrección en un recorrido por iglesias
y cementerios en los que se celebraban los rituales de aquellos peregrinos que podían acceder a la experiencia trascendente, después de
adquirir los conocimientos propios del gremio al que pertenecían. Tal
vez eso explicaría la ausencia de nombres en ellas.

Un dato importante y a la vez inexplicable es el hecho de que esas
lápidas no sellaban tumba alguna, lo que vendría a confirmar tal vez
esa finalidad esotérica. En algunas aparecen las conocidas patas de Oca
o, si se prefiere, las runas de la Vida. Además, en los muros de la iglesia
se encuentran los símbolos de esta posible ronda iniciática señalizada
mediante signos solares con cruces célticas y paté como las utilizadas
por el Temple. El investigador y autor, Juan García Atienza, llegó a

Sepulcro de Ioan de Estivadas, conocido viticultor como Noé.

comprobar en su momento, hace ya algunos años, la existencia de gran cantidad de conchas entre las lápidas que se exponían[28].

Dicho autor, en su voluminosa obra titulada "La Ruta Sagrada", nos ofrece en su página 392 una acertada reflexión sobre estas misteriosas lápidas: "Muchas preguntas planteadas por la presencia de las lápidas de Noya sólo pueden tener respuesta si observamos su eventual realidad desde esta perspectiva. Si se tratase sólo de lápidas gremiales, ¿por qué no surgieron en otros lugares, si los gremios se extendían por toda Europa y sus miembros se contaban por millares? ¿Por qué la mayor parte de estos signos pueden verse únicamente aquí? ¿Por qué los miembros de un determinado gremio elegían este rincón apartado a las puertas del mar Tenebroso como lugar específico para su descanso mortuorio? ¿Qué impedía a sus deudos grabar el nombre del difunto y tal vez la fecha de su muerte, para dejar sólo constancia de una actividad que, en muchos casos, ni siquiera es posible adivinar?".

---

[28] "Entre las tumbas -donde se mezclan las viejas lápidas expuestas con otras reutilizadas y muchas recientes- suelen verse grandes cantidades de conchas marinas que eventualmente parecen haber constituido una ofrenda a los muertos equivalente a la de las flores".

Su nombre está escrito al revés y cuyo motivo se desconoce.

Una vez dejadas esas preguntas en el aire pasaremos al interior de la iglesia, en la que veremos a su izquierda, justo al entrar, el sarcófago de un enigmático personaje del siglo XIV llamado Ioan de Estivadas, que cultivaba la vid al igual que Noé y que encargó para su esposa, de nombre María Oanes, una tumba para que fuese labrada y puesta en aquel lugar. Tal como indica acertadamente Atienza: "Oanes u Oannes es el nombre que la mitología babilónica da al personaje semi-divino equivalente al patriarca bíblico; el maestro que venía cada día del mar para enseñar a los seres humanos los principios de la civilización".

Lo que sorprende al visitante es que el nombre de dicho personaje se encuentra escrito al revés: SADAVITSE ED NAOI. Aunque en el ocultismo existen lecturas especulares y signos y palabras que se leen desde distintas direcciones, ignoro el motivo por el cual dicho nombre se encuentra en el cojín sobre el que reposa su cabeza y no en otro lugar del sarcófago, así como tampoco conozco el motivo de la inversión de su nombre.

De nuevo tengo que hacer mención especial a las restauraciones que se realizan en muchos de los monumentos de nuestro patrimonio y de las incomprensibles directrices que se siguen para llevarlas a efecto. Hace años, Atienza informó de que existía una ventana encima de este

Templete cíclico en el cementerio
de Noia (Pontevedra).

sarcófago[29]. Lamentablemente, en la actualidad, la ventana está tapiada por una serie de ladrillos que contrastan con la sillería de la fábrica y las dos figuras de su interior han desaparecido. No es la primera vez, ni desgraciadamente será la última, en la que podremos comprobar cómo puertas y ventanas son cegadas a pesar de conservar todavía parte de sus arcos o dinteles, tal vez por considerarlas sin finalidad alguna. Como cristaleras deterioradas lógicamente por el tiempo son simple y llanamente suprimidas o bien, como marcas de cantero, han desaparecido bajo la denominada "limpieza" de fachadas.

Mientras reflexionamos sobre tales hechos, nos trasladaremos hasta el cementerio para ver el templete o baldaquín, como le llaman los lugareños, que contiene un cruceiro y que otro gran investigador, Rafael Alarcón Herrera, denomina el Templo Solar de Noela[30].

Situado al norte de la iglesia y rodeado de tumbas, cuenta la tradición (de nuevo es ella la que informa) que fue donación de un soldado del Templo de Jerusalén que, a su regreso de Las Cruzadas, trajo consigo tierra de los Santos Lugares con que se dice está relleno el cementerio y lo convirtió así en tierra sagrada o Tierra Santa. Creo evidente que dicho "soldado del Templo" es una clara referencia a la figura de un templario. Otra variante de esta leyenda cuenta cómo dos hermanos "monjes del Templo del Señor de Jerusalén" fueron separados a causa de una batalla. El mayor de ellos parte a la búsqueda de su hermano y permanece siete años por Tierra Santa en el intento. Finalmente regresa a Noia, sobre la que levanta el cruceiro en su memoria. Al cabo de otros siete años, el menor vuelve a la ciudad tras pasar siete años herido y prisionero. Se cuenta que logró escapar al haberse encomendado fervorosamente a la Virgen de Noia. A su regreso manda construir el templete sobre el cruceiro de su hermano como acción de gracias.

Como bien indica el autor, esta leyenda, en sus variantes, deja clara la intervención de la Orden del Temple en la edificación de este extraño

---

[29] "Junto a ese portal formando parte del arco oexterior de una ventana enrejada a la izquierda, dos pequeñas figuras grabadas, Una cabeza y una concha peregrina. Los dos grabados carecerían de importancia si no fuera porque la ventana en la que se encuentran tampoco está colocada donde habitualmente se colocan en los templos, ni suforma es la habitual en este tipo de construcciones. Sin embargo, al penetrar en la iglesia, nos damos cuenta de que su función es, de hecho, la de dar luz sobre una tumba que se encuentra justo debajo de ella."

[30] Rafael Alarcón Herrera. "A la Sombra de los Templarios". Martínez Roca S.A. Barcelona, 1.986.

El friso muestra cómo las imágenes de los perros disminuyen en tamaño
simbolizando el ciclo del ser humano.

monumento. Según Alarcón, los grabados del friso este representan, de
izquierda a derecha, la enseñanza hermética de las cuatro edades tradicionales de la Humanidad: Oro, Plata, Bronce y Hierro. Estas cuatro
divisiones se suceden según un espacio y un ritmo semejantes a los que
componen el año solar: Primavera (oro), Verano (plata), Otoño
(bronce), e Invierno (hierro). Los perros esculpidos en el friso y representados con un tamaño disminuido con relación al hombre indican su
lejanía en el tiempo de los ciclos pasados, cada vez más distantes, que la
Humanidad (el hombre del friso) no puede retener.

El friso oeste contiene cinco círculos unidos entre sí pero independientes. El primero tiene en su interior un trébol y una cruz. El
segundo muestra las páginas de un libro abierto. El tercero un rostro
de líneas femeninas, con un gorro semicircular: se trata de Selene, la
Luna. El cuarto muestra también un libro abierto, cruzado por una
diagonal y un índice que señala la página derecha. El quinto y último
representa el Sol con un rostro de rasgos masculinos.

El primero representa el ciclo solar, compuesto por los signos
terrestre y celeste (cruz y círculo) del microcosmos y del macrocosmos,
lo físico y lo espiritual. El segundo y el cuarto son en realidad uno solo
y representan el Libro de la Naturaleza, el de las ciencias y los sagrados

Cruces flordelisadas y signos astrológicos.

misterios. El tercero, la Luna, evoca su influencia en el tiempo, las semillas, las cosechas y sobre los seres humanos. Y el quinto, el Sol, como causa directa de los ciclos y de su trayectoria en el Cosmos con sus equinoccios.

A pesar de que no soy dado a los consejos, ante el interesante trabajo de Rafael Alarcón haré una excepción. El lector podrá encontrar entre las páginas 307 y 320 de su libro una clara y erudita exposición de la investigación llevada a cabo por este autor.

Antes de abandonar estas epigrafías y marcas de cantero en lápidas e iglesia, me gustaría destacar, entre los símbolos gremiales, a dos de ellos: se trata de las formas de un borceguí y de unas tijeras, representaciones del gremio de zapateros y el de sastres, respectivamente. Y aunque esta descripción es de una lógica aplastante, veremos cómo más adelante y en un próximo recorrido ello no es así.

Marca gremial desconocida.

Marca gremial desconocida, cuyo aspecto recuerda
a símbolos astrológicos o alquímicos.

Iglesia-convento de San Francisco de Betanzos.

BETANZOS, UN MUNDO DE SÍMBOLOS

De antiguos castros surgió la romana Brigantium Flavium y, de ella, la actual Betanzos. El rey Alfonso IX le concedió el mismo fuero que a A Coruña y comenzó así una próspera etapa. Sin embargo, los protagonistas de su historia medieval fueron los miembros de la poderosa familia de los Andrade y otros hidalgos que dieron nombre al topónimo de Betanzos de los Caballeros.

A principios del siglo XII, existió una encomienda templaria y en torno a ella se desarrolló la ciudad. La encomienda, donación de Alfonso IX de León, llevó a la construcción de un convento que más tarde sería permutado con el resto del territorio por Alfonso, el Sabio, por otras posesiones en Alcañices y Aliste. Así fue como la comarca de Betanzos pasó a poder de la familia de los Andrade, uno de cuyos miembros, Fernán Pérez, hizo transformar el antiguo convento en el siglo XIV, en lo que es hoy la iglesia de San Francisco.

En la ciudad y en toda la comarca circundante la cruz bermeja del Temple proyecta su sombra. Así es como las iglesias de San Francisco y de Santa María de Azougue, a escasos metros una de otra, ofrecen al

Símbolo templario de la Iglesia de San Francisco
y que se exhibe en el mismo museo.

visitante una serie de símbolos e indicios que le están indicando que se halla frente a unas fábricas arquitectónicas especiales.

Un exhaustivo recorrido por la iglesia de San Francisco permitirá al observador descubrir claves secretas que llevan siglos esperando ser reveladas, como por ejemplo el "Agnus Dei" templario, que se encuentra a la izquierda de la entrada y cuya reproducción puede ser contemplada en el Museo de As Marinhas de la ciudad.

Si retomamos a la familia de los Andrade, en dicho museo se expone la imagen de piedra de Nuño Freyre de Andrade, que perteneció a la Orden de Cristo de Portugal. Ya indicamos que dicha hermandad acogió entre sus filas a numerosos templarios cuando el Temple fue disuelto. No resulta aventurado, ni tampoco sería de extrañar, que algún miembro de los Andrade hubiese pertenecido al Temple.

Posiblemente, del interior de la iglesia lo que más destaque sea la tumba de Fernán Pérez de Andrade, conocido como "O bó", el bueno, que constituye una de las obras del arte funerario más hermosas y extraordinarias que puedan admirarse. Tal vez este sea el motivo por el cual a la inmensa mayoría de visitantes se les pase por alto otros detalles de tipo simbólico cuya realización puede que proceda de la primi-

Sepulcro de Fernán Pérez de Andrade, conocido como "O bo",
el bueno, y que se exhibe en la iglesia-convento de San Francisco
en la localidad de Betanzos (A Coruña).

Relieve con clara influencia oriental y que el autor Rafael Alarcón Herrera cita como "vacas cíclicas".

Similar a la imagen de la página anterior. El ciclo o los ciclos del ser humano.

Símbolos de los gremios constructores que se expone en el museo de "As Mariñas"
y que pertenece al relieve que se encuentra en uno de los arcos
de la Iglesia de San Francisco

tiva construcción templaria, y que están ahí, esperando pacientemente a ser descubiertos.

Los visitantes, atraídos por la riqueza ornamental de dicha tumba, ignoran la existencia de un interesantísimo relieve que destaca en la bóveda que se halla sobre sus cabezas y que está indicando su pertenencia al gremio de constructores. Estos maestros iniciados en el saber arquitectónico recogieron sus conocimientos a través de símbolos de sabiduría que plasmaron en los templos y que en sí mismos esconden claves para la transmisión de estos saberes. En dicha bóveda pueden contemplarse, como en ningún otro lugar, la escuadra, la plomada y el compás, cuya reproducción se exhibe en el Museo de As Marinhas de la ciudad.

Generalmente observamos aquello que resulta obvio, que destaca y que se encuentra fácilmente a nuestro alcance. Con el tiempo comprobaremos que si nuestro deseo es el de descubrir otros indicios que no sean los evidentes tendremos que aprender a escudriñar por todos los rincones y a mirar con detenimiento enlosados, muros y bóvedas. No resulta fácil y además se precisa de un tiempo del que no siempre se dispone. Pero ello es necesario si lo que queremos es obtener una visión lo más detallada posible del edificio.

Vista general de las escasas lápidas existentes en la parte sur de la iglesia.

En el contrafuerte de la izquierda aparece una barca,
probablemente simbolice la barca de piedra que trajo al apóstol, pero también
representa a los maestros iniciadores de los gremios de constructores que llegaron
de más allá de los océanos.

En este contrafuerte puede verse algo parecido a un árbol, una especie
de línea o bastón y las tijeras que veremos en otras ocasiones.
En la parte inferior, la cruz del temple.

Todavía en el interior de la iglesia puede verse la figura de un hombre barbado con un cayado o bastón en forma de T que recuerda a la famosa TAU. El hombre está cogiendo su barba a modo de señal o de identificación, tal vez para que el visitante peregrino del conocimiento descubra con dicho gesto que se halla frente a un iniciado que le está indicando que el lugar es especial e importante.

A pocos metros de esa figura, se encuentran dos cuadrados con el grabado interior de una vaca y un árbol o palmera en forma de sol, que algunos investigadores, como Rafael Alarcón Herrera, identifican como Vacas Cíclicas, cuya estética es de clara influencia oriental y que estarían representando los ciclos del hombre, la Humanidad.

Una vez en el exterior del templo, y después de contemplar la rica ornamentación en canecillos y metopas, encontraremos, no sin cierta sorpresa, alguna que otra señal que parecerá no encajar dentro del orden aparente del conjunto.

No pretendo citar aquí el mito y la leyenda que rodean a la figura de Santiago Apóstol y su aparición, historia ya conocida, pero considero interesante detenernos en el punto preciso del mito en el cual se narra la llegada del Apóstol en una misteriosa barca de piedra milagrosamente conducida por unos ángeles.

Precisamente, en uno de los contrafuertes de la iglesia, aparece el grabado de una embarcación. Cabe preguntarse si dicho símbolo se realizó para rememorar esta parte de la leyenda o bien los maestros constructores estarían recordándonos la procedencia de sus conocimientos.

Estos constructores, también envueltos por el mito y la leyenda, poseían saberes procedentes de las brumas del pasado cuyas enseñanzas y conocimientos habían sido recibidos de manos de los maestros venidos del otro lado del océano. Tal vez este grabado indicaría la procedencia de estos saberes ancestrales.

Si en este breve recorrido confeccionásemos una lista de símbolos, indicios o figuras sin explicación aparente habría que añadir el grabado de unas tijeras que se encuentran en lo alto de otro contrafuerte de la misma iglesia. Estas tijeras son las mismas que vimos en las lápidas gremiales de Santa María a Nova, en la localidad de Noia. La explicación oficial es que en dichas lápidas se encuentran grabados los símbolos o marcas de identificación de los distintos gremios u oficios. Por ejemplo: un pico para el cantero, un borceguí para el zapatero o unas

A la izquierda de las columnas que sostienen las arquivoltas y en la parte inferior, aparece una estrella, la misma que puede verse en Santa María de la Oliva en Villaviciosa (Asturias) y que tal vez sea el distintivo del gremio de constructores "Los Hijos de Salomón".

tijeras para el sastre. ¿Es esta la única explicación válida, o por el contrario pueden existir otras también válidas que desconocemos? ¿Qué representan esas tijeras en lo alto de la iglesia y qué significado pueden tener?

Si nos trasladamos ahora hasta la iglesia cercana de Santa María de Azougue, veremos con sorpresa que, justo a la izquierda del pórtico de entrada, luce una estrella de seis puntas. Tal vez pudo pertenecer a una de las tres corrientes tradicionales de constructores, aquellos que eran conocidos como los Hijos de Salomón, próximos a la orden cisterciense y, en consecuencia, a la Orden del Temple.

Si rodeamos el templo encontraremos de nuevo a la estrella de Salomón, esta vez en lo alto de dos estrechas ventanas y, a escasos metros de ellas, de nuevo otra estrella, pero esta vez bajo la forma de un pentalfa, es decir, de cinco puntas. Pero la sorpresa mayor la constituye la contemplación de una estrella de cinco puntas invertida, como el caso de la ermita de San Bartolomé de Ucero, posesión templaria, o aquella que se conserva en el Museo Provincial de Lugo[31].

La inversión de los símbolos es habitual en el ocultismo y en el esoterismo aunque poseen significados distintos. Este pentalfa invertido ha sido anatemizado como negativo, maléfico y satánico. Esa es la interpretación ocultista de dicho símbolo. En cambio, para el esoterismo significa la trascendencia del iniciado que, alejado de la materialidad, contempla el cielo y apoya sus pies en él. Este concepto es utilizado a su vez con el símbolo del árbol invertido, que proyecta sus raíces al cielo y la copa da con sus ramas en la tierra. Su alimento ya no es terrestre sino celestial.

Finalizaremos este recorrido por los muros exteriores y observaremos varias cruces paté, marcas de cantero, que encontraremos de nuevo en su interior junto a otros símbolos aparentemente astrológicos que nos recordarán a aquellos grabados que se encuentran en las lajas de los petroglifos prehistóricos diseminados por gran parte de la geografía gallega. Además de esta simbología, el mismo nombre de la iglesia nos está sugiriendo tal vez su propio mensaje.

Santa María de Azougue es el nombre en gallego y el término Azougue se conoce en Alquimia como Azogue. Con los años he dejado

---

31 "El pentagrama con la punta hacia arriba es el símbolo del hombre primordial, Adam Kadmon, y con la punta hacia abajo representa al hombre caído, Adam Belial, la inteligencia dominada por lo material". R. Alarcón Herrera. Apartado notas, pág 335, opp, cit.

de creer en las casualidades, por lo que sospecho que dicho nombre no es debido simplemente al azar. Si el territorio colindante se encontraba bajo la jurisdicción, custodia y protección de la Orden del Temple, en consecuencia, la Alquimia podía estar presente. Si el camino iniciático es la transformación del ser hacia estados superiores de conciencia, la finalidad de la Alquimia no es otra que la transmutación del bruto e impuro en puro, de lo material a lo espiritual.

Es evidente que la iglesia de Santa María de Azougue o Azogue, si se prefiere, representa un hito en el camino de peregrinaje hacia el conocimiento superior y trascendente. El Azogue representa el Mercurio de los filósofos y el Principio Creador de la naturaleza, modalidad de la Luz Astral, unida a la vitalidad orgánica. Su símbolo es confundido en ocasiones con el Aries astrológico.

En este largo peregrinaje estamos añadiendo más y más preguntas a las anteriores. Desgraciadamente nadie posee ese hilo de Ariadna que permita salir de ese laberinto de piezas por encajar. Tal vez, como indican en Oriente, lo importante no es hallar la respuesta, lo importante es formular la buena pregunta. Posiblemente la pregunta lleve implícita la respuesta.

LA ASTROLOGÍA DE A CORUÑA

Prosiguiendo este peregrinaje a la búsqueda de las piezas de este rompecabezas medieval nos acercaremos hasta la bella ciudad de A Coruña, sinfonía de piedra, madera y cristal, que posee en la Marina uno de los paisajes urbanos más hermosos del litoral.

Situada en el Magnus Portus Artabrorum de los geógrafos clásicos, sus castros y la Torre de Hércules, emblemática imagen y pieza fundamental del escudo de la ciudad, atestiguan su remoto origen. La ciudad fue reconstruida a comienzos del siglo XIII sobre otra ciudad romana. En su casco viejo se conserva parte de su legado histórico y artístico. Las calles y plazuelas de la Ciudad Vieja, con las iglesias de Santa María, Santiago, San Francisco y Santo Domingo, son un claro exponente de su vitalidad desde antiguo.

Es en esta localidad donde nuestra capacidad de asombro se pondrá a prueba una vez más al visitar la iglesia de Santa María do Campo. Al principio habrá que acostumbrarse a la oscuridad reinante, como sucede casi siempre cuando se trata de grandes iglesias. Poco a poco, una vez nuestros ojos se hayan adaptado a esa penumbra característica, iremos descubriendo algunas marcas de cantero y símbolos en los rincones más insospechados.

Así fue como en el corredor de la derecha, cercano al altar mayor, en una de las inmensas columnas que sostienen las bóvedas de medio cañón, creí distinguir en un capitel ricamente esculpido, a unos cuantos metros de altura, lo que parecía ser una cruz casi escondida, como si estuviera puesta allí adrede, apartada de miradas profanas. El zoom de la cámara confirmó mi sospecha: se trataba efectivamente de una cruz paté ligeramente lobulada, dentro de un círculo.

Mientras continuaba mi deambular, esta vez en sentido contrario, pude vislumbrar algún que otro signo lapidario hasta que, de pronto, cuando miré hacia lo alto, quedé atónito.

En lo más alto de las bóvedas y repartidos en cada una de las piedras de los arcos de la nave central, un rosario de increíbles e impresionantes grabados, como jamás había visto, estaban indicándome que aquellos signos compañeriles ocultaban algún mensaje y, debido a su configuración, tenía que ser algo verdaderamente importante.

Son de tal complejidad y cantidad que difícilmente puede seguirse un orden en su observación. Mis ojos saltaban de arco en arco y de signo en signo para intentar obtener una visión general. Me hallaba en el mismo centro de la iglesia y de sus bóvedas. Al cabo de unos minutos, la disposición de tales marcas y su observación empezaron a hacer mella en mis cervicales. Esta peculiaridad que incomoda al observador obligaría a estar tumbado en el suelo para verlos con mayor comodidad y claridad. Posiblemente esta sea la posición que debían tomar los iniciados peregrinos cuando la meta del Finis Terrae se hallaba cercana

Pueden verse claramente representaciones como la de Virgo, Leo o Tauro, entre otros signos de inspiración prehistórica. Si tradicionalmente las bóvedas de las iglesias representan al cielo, las de Santa María do Campo estarían simbolizando, presumiblemente, el universo zodiacal de aquel tiempo. Nunca contemplé nada semejante en iglesia alguna y puedo asegurar que he visto unas cuantas.

Los albañiles medievales responsables de estos signos persisten en sorprendernos de nuevo, incluso creo que no sin cierto sarcasmo, cuando de entre esa especie de carnaval de símbolos vemos de nuevo las tijeras, para mí ya famosas, y el borceguí, signos que encontramos en la iglesia de Santa María a Nova, en Noia y en la de San Francisco, en Betanzos.

En aquel instante no pude evitar una sonrisa al contemplar estos grabados que me eran familiares. Ante estas imágenes ¿qué cabía pensar? ¿Acaso el zapatero y el sastre eran a su vez canteros y les apetecía grabar en la piedra el símbolo del gremio al que pertenecían? ¿O bien se trataba de canteros que hacían horas extraordinarias después de su jornada laboral? ¿Puede uno imaginarse, según las explicaciones oficiales sobre los gremios, a un sastre y a un zapatero haciendo de funambulistas subidos a un andamio, a unos cuantos metros de altura? De nuevo algo no encaja.

No deseo finalizar la visita por este complejo mundo de los maestros canteros sin citar la imagen de un ser, brazos en alto, que saluda la salida del astro rey en gesto ritual desde tiempos inmemoriales y que pertenece a las llamadas culturas "paganas". Esta figura recuerda aquella otra que se encuentra en San Pedro de Teverga, Asturias, con la misma intencionalidad. Ambas representaciones no forman parte, aparentemente, de ninguna escena que podamos considerar sagrada o religiosa, así como tampoco parecen estar relacionadas con el resto de la iconografía del templo en que se encuentran.

Si nos alejamos de A Coruña para ir al encuentro de nuevos extraños indicios y, por qué no, de nuevas emociones, es necesario recordar que en las cercanías de la ciudad existían asentamientos templarios en Santiago do Burgo, evidentemente en Santa María del Temple y en Burgo do Faro[32]. Pero a pesar de ello, los signos de Santa María do Campo siguen sin encajar.

---

[32] "...Burgo do Faro. Este preceptorio, situado en la ría de su nombre, en la provincia de A Coruña, debió ser fundado hacia mediados del s. XII, en tiempos de Fernando II (1.157-1.189). Los templarios levantaron allí una puebla que ahogaba el crecimiento de A Coruña, por lo que Alfonso IX la compró al preceptor, agregándola a la citada ciudad, a la que concedió el fuero de Benavente". "El poderío del Temple fue notorio en esta región, llegando a intentar detener el crecimiento de la vecina Coruña para conseguir apoderarse de toda la comarca de As Mariñas. Tanto es así que el nombre de Mariñas dos Frades con que se denomina una parte de la región parece deberse, no a los cinco monasterios benedictinos que el padre Yepes señala en su Crónica General de la Orden de San Benito, sino al poderío de los caballeros templarios". Gran Enciclopedia Gallega.

En lo alto, una estrella de cinco puntas pentalfa invertida.
Bajo la doble ventana, una cruz del temple y abajo a la izquierda,
una marca de cantero en forma de cruz.

Esta doble ventana luce una estrella de seis puntas o de Salomón.

Cruz templaria dentro de un círculo y cruces griegas.

BEMBIBRE Y EL TEMPLE

Al tomar la A-120 que parte de Vigo nos dirigimos hacia la cercana localidad de Bembibre, en la que se encuentra la iglesia de Santiago del Temple. Como su mismo nombre indica, perteneció a los caballeros templarios y, por consiguiente, la visita era obligada.

La pequeña iglesia románica, rodeada de caserones, edificios, muros y cercados, no era visible desde la carretera. Para intentar no obstruir el paso de otros vehículos dejamos el coche casi en equilibrio entre la calzada y una pequeña canalización de agua. Aproximadamente a unos quinientos metros apareció la vieja construcción. Mohosa, con la hiedra que abrazaba sus viejos muros y con largas grietas, como si el arado del tiempo hubiese dejado en ella profundas cicatrices.

Di lentamente un rodeo por el edificio para buscar posibles marcas de cantero o indicios que pudieran despertar mi curiosidad. El espacio existente entre la construcción, los cercados y muros que la rodeaban era de apenas metro y medio. Ello dificultaba enormemente la observación. Para colmo, la girola, casi escondida entre frondosos árboles, se hallaba dentro de una especie de huerto también cercado.

No observé canecillos, metopas, ni nada que fuese digno de mención. Pero súbitamente, cuando llegué ante la entrada principal, vi claramente cruces. En el tímpano de la puerta destacaban claramente tres cruces de las utilizadas por el Temple. Dos cruces paté y una tercera que recordaba a la ochavada. Las paté se encontraban, una de ellas, dentro de un semicírculo y la otra dentro de dos. La tercera era ligeramente lobulada, como si quisiera tomar el aspecto de hojas.

No sin cierta emoción, miré a través de la cámara e intenté plasmar aquel documento pétreo. Era inútil, el espacio del que disponía no me permitía una visión de conjunto. A mis espaldas y a escasos dos metros se levantaba un muro de piedra y había troncos que me impedían obtener la distancia requerida.

Por un momento estuve dudando entre la prioridad del hallazgo o mi integridad física. Consideré la primera opción y subí como pude a aquel vacilante y poco seguro montón de piedras. A mi edad, los deportes de alto riesgo pueden tener fatales consecuencias. Así fue como, mientras guardaba el equilibrio, tomé un par de instantáneas.

Una vez superado el obstáculo, y de nuevo en tierra firme, terminé de dar la vuelta al edificio.

Fue entonces cuando vi en una pequeña puerta, justo al lado de una grieta rellenada con lo que suponía era cemento o tal vez yeso, una hermosa cruz patriarcal de doble brazo. En esta ocasión no tuve que recurrir a mis dotes atléticas para poder tomar unas fotos de ella.

Aquella mañana no fue preciso encontrar, como en otras ocasiones, indicios sospechosamente probatorios de un posible asentamiento templario. Las tres cruces del pórtico y la patriarcal convirtieron aquel día en extraordinariamente provechoso.

La localización infructuosa, la fatiga de los caminos recorridos y las preguntas sin respuesta ya formaban parte del recuerdo. Santiago del Temple abrió nuevas esperanzas para proseguir esta apasionante búsqueda.

El camino iniciático de Iria Flavia

Dice la tradición cristiana que en Iria Flavia atracó la barca de piedra en la que los discípulos del Apóstol traían el cuerpo de Santiago, que fue atada a un "pedrón" que se hallaba en la orilla. Esta piedra era en realidad una de las Ara Solis que instalaron los romanos a lo largo de la costa. El pequeño burgo de Iria Flavia pasó a llamarse Pedrón y, con el paso del tiempo, dio en la actual Padrón.

Se dice que en la iglesia de Santiago se conserva aún esa piedra que más bien recuerda a la de un menhir dedicado obviamente a un culto precristiano. Es aquí, en Padrón, antiguo lugar de culto celta, donde se inicia el mito compostelano, en el que se entremezclan signos cristianos, paganos e incluso esotéricos. Sus alrededores están sembrados de monumentos megalíticos como el dolmen de Anxeltus o Campo Lameiro y A Lagoa, una de las mayores concentraciones de petroglifos del noroeste peninsular.

La colegiata de Santa María nos acercará de nuevo a los gremios de constructores y a sus misterios. La iglesia posee en sus muros una serie de cruces de diferentes estilos que recuerdan a las utilizadas por los caballeros del Temple; el espacio ajardinado que la rodea presenta en su lado sur los restos de unas pocas lápidas cuyo abandono resulta verda-

Colegiata de Iria Flavia situada en lo que es hoy Barrio de Padrón.

deramente lamentable. Si en Santa María a Nova el posible recorrido iniciático era intuido, aquí se hace más evidente.

Las lápidas que podía observar eran escasas con relación a las de Santa María. Aproximadamente quedaban una docena de las muchas que debieron de existir en el cementerio medieval. Una de ellas, tal vez la mejor conservada, tenía en relieve una doble Pata de Oca impresionante. Otra parecía poseer en sus incisiones la forma de una gran espada y a su derecha un supuesto puñal apenas visible. Las demás estaban tan sumamente deterioradas que utilicé una tiza para intentar destacar las imperceptibles incisiones y sacar unas instantáneas.

En una de ellas puede distinguirse una cruz ligeramente paté y, en otra, una cruz dentro de un círculo. En la siguiente apenas podía verse la que recordaba a la utilizada por la Orden del Santo Sepulcro. Tomé una fotografía antes de repasar su trazado con la tiza. El antes y el después son prueba evidente de que se necesita una observación precisa para no cometer errores de apreciación. El paso de los siglos y las inclemencias del tiempo dificultan cualquier estudio si lo que se pretende investigar se encuentra en el exterior.

Al dar un rodeo por el edificio llegué a contabilizar hasta diez cruces de distinta factura, aunque muy semejantes y todas ellas dentro de un

Marcas de cantero y una de las numerosas cruces que rodean los muros
de la iglesia formando una ronda iniciática.

Lápida impresionante cuyo relieve presenta
una doble pata de oca.

círculo. Las pequeñas diferencias que las caracterizaban les otorgaban personalidad propia. Dos de ellas tienen el aspecto de un trébol de cuatro hojas celta, formado por el vacío provocado por la unión de los brazos de la cruz. Este céltico trébol era un símbolo usado por los druidas y fue signo de Maestros Iniciados. Estas cruces se hallan a la derecha de la puerta de entrada y en el muro sur, respectivamente. Cuatro poseen la forma indiscutible de una cruz paté; tres de ellas se hallan en la cara norte de la iglesia y la cuarta en el lado sur. Otra cruz, situada en el muro norte, es como las anteriores pero con un pequeño cuadrado en su centro. Finalmente, las otras cruces paté que están en la zona sur tienen un aspecto de rueda y un pequeño cuadrado en el centro.

Una vez en el interior del templo encontraremos en el muro correspondiente al sur dos curiosas cruces que sorprenden. Son exactas a la que utilizará más tarde la Orden de Cristo de Portugal. Es un auténtico enigma el hecho de que estas cruces estén situadas aquí muchos años antes de la fundación de dicha orden. Finalmente, existe otra cruz en el muro norte que evoca el disco solar y está inscrita en un doble círculo como las anteriores.

Según la tradición de los gremios, los compañeros constructores, cuando celebraban sus rituales iniciáticos, efectuaban una vuelta alrededor del templo y por su interior seguían el movimiento del sol y se detenían en los símbolos que iban apareciendo en el recorrido para recibir un mensaje concreto, mientras recitaban las fórmulas del gremio de albañiles al que pertenecían y proseguían esta ronda hasta terminar la circunvalación del edificio.

El recorrido del rito empezaba en el centro de la iglesia, allí donde se unen las energías del cielo y la tierra. Entonces comenzaba una ronda circular o, mejor dicho, un camino en forma de espiral. El iniciado recorría el interior del templo de izquierda a derecha, según las manecillas del reloj; recorría también el muro norte, el muro del este y el del sur hasta llegar a la puerta, en el oeste; después salía al exterior. Con ello simbolizaba el paso de las tinieblas a la Luz, de la ignorancia al conocimiento.

Una vez en el exterior, proseguía su ronda iniciática por el lado norte de la construcción, cuando el sol no luce, oculto por la noche, y sigue su curso por el espacio para nacer por el este, donde se cruzaba en el camino del iniciado, que seguía su camino hasta el sur, donde se cruzaría con el astro rey en toda su plenitud, para reencontrarse con él,

La numeración de parte del enlosado de la iglesia corresponde a tumbas y los números a identificación de los difuntos.

al oeste, en el pórtico de entrada y ya en el proceso de declive. Esta muerte-resurrección del iniciado era a imitación del ciclo sin fin del ocaso y nacimiento del rey de los astros.

No cabe duda de que este recorrido y sus sucesivas etapas pueden identificarse con este rosario de cruces que la iglesia posee en sus muros. Si añadimos la presencia de estas lápidas gremiales obtendremos posiblemente la confirmación de todo ello. Aunque desconozcamos el proceso, su funcionamiento y aquello que podía representar, y no tengamos, en consecuencia, capacidad alguna para poder interpretarlo, todo apunta a que se trataba de un camino trascendente e iniciático de los gremios herméticos medievales.

Antes de iniciar otros caminos me gustaría dejar constancia de que en el interior de la iglesia de Santa María existe un enlosado, numerado en ocasiones, que puede inducir a error. No se trata de establecer un orden en los bloques de piedra, se trata en realidad de que a cada número le corresponde una tumba. De esta manera se identifica a los difuntos que yacen en ellas. Y ya para finalizar, vuelvo de nuevo a la tradición, y no me cansaré de citarla, que cuenta cómo la iglesia de San Francisco de Padrón estuvo relacionada con el Temple...

SANTA MARINHA

Desde de la localidad de Padrón, tomamos la A-9 en dirección a Pontevedra y más tarde la N-451, que nos llevaría hasta Ourense[33]. Una vez en la N-541, nos desviamos hasta Campo Lameiro. Estar cerca de este inmenso yacimiento de petroglifos y no detenerse es como estar en París y no visitar la torre Eiffel. Allí pude comprobar la existencia de grabados que recordaban a los signos utilizados por los maestros constructores. Entre otros, había laberintos, espirales, figuras antropomorfas, cérvidos y un sin fin de símbolos. Se precisaría de varios días para tener una visión detallada de toda esta riqueza arqueo-

---

[33] La Orden del Temple poseía la encomienda de Amoeiro-Coia, preceptorio ubicado en tierra de Castela que pasó después de su disolución a manos de los futuros condes de Ribadavia. En la misma provincia, pertenecían a la Orden la bailía de Astureses y las iglesias de Santa María de Arcos, San Cristóbal de Regodeigón, San Andrés de Abelenda, San Mamed de Moldes y San Julián de de Astureses. Esta última, que se incorporó a la encomienda sanjuanista de Pazos de Arenteiro y Moldes después de la integración de la benedictina en Alteltares, pasará al Hospital Real de Santiago.

Iglesia de Santa Marinha de Augas Santas.

lógica. Lamentablemente este no era el caso, pues teníamos que proseguir nuestra ruta.

Una vez en Ourense, habrá que tomar la N-525 en dirección sur, hasta Allariz. En la localidad mejor será preguntar por Santa Marinha o por Armea, ya que la zona está compuesta por una laberinto de carreteras comarcales que dificultan su localización. Finalmente, se llega hasta la iglesia después de subir una estrecha calle que va a desembocar ante ella. En conjunto, podemos señalar que nos encontramos ante una edificación comenzada en el último tercio del siglo XII con claras influencias de los constructores de la Catedral de Ourense, cuyos elementos constructivos se acentúan a medida que progresa su edificación a lo largo del siglo XIII. El edificio, de sillería granítica, ofrece elementos vegetales en la mayoría de su ornamentación.

Posiblemente, lo que más llame la atención sea el escudo que se halla a la izquierda del ábside y encima de una pequeña puerta. En su centro, además de los símbolos del obispado, posee lo que me atrevo a calificar como una apabullante cruz templaria. La conocida flor de Lys está presente bajo un aspecto ligeramente vegetal en las estrechas ventanas del ábside.

Detalle de la cruz del temple.

Santa marinha de Augas Santas (Ourense).
Cruz encima del portal.

El santuario, pues de eso se trata, comienza en esta iglesia románica de los Regulares de la Orden de San Agustín[34] y termina en un
recorrido de casi un kilómetro, que se adentra por un bosque con
huellas ancestrales y robles (carballos, tal y como son denominados
por aquí), venerados por los druidas galaicos.

---

[34] En época imprecisa, pero en el transcurso del siglo XII, se instalaron en Santa Marinha,
según Villamil y Castro, los Canónigos Reglares de San Agustín, en relación con el vecino
cenobio de Xunquera de Ambia y mantuvieron buenas relaciones con la comunidad de
Santa María la Real de Sar, en Santiago de Compostela. La pérdida del archivo, ocurrida en
el siglo XVI, es tanto más lamentable cuanto carecemos de otros datos informativos sobre el
origen del monumento. Serían los miembros de esta comunidad los que decidieron dar el
primer impulso a la iglesia a lo largo del último tercio del siglo XII y del siglo siguiente. Más
tarde la tradición, recogida por Muñoz de la Cueva, indica que perteneció a los caballeros
del Temple y que, al disolverse la Orden, se integró junto a otros bienes en el Patronato
Real.(J. Muñoz de la Cueva, "Noticias históricas de la Santa Iglesia Catedral de Ourense".
Madrid, 1727). La Orden del Temple poseyó encomiendas en Faro, Sanfiz do Hermo,
Canabal-Neira, Amoeiro-Coia, las bailías de Astureses y Vigo y una importante casa en
Pontevedra, entre otras.
El establecimiento del Temple en España se había producido del Este hacia el
Oeste. El preceptorio de Ponferrada, que se funda en 1178, hacía suponer que las casas de
Galicia eran posteriores, pero la creación de Sanfiz do Hermo es anterior a 1166, pues en esa
fecha un caballero llamado Bernardo Muñoz manda en su testamento que, tanto si muere en
tierra de sarracenos como en territorio cristiano, sea enterrado en el monasterio de Ferreira
de Pallares y dona a los caballeros de Jerusalén, que habitan el coto de Sanfiz do Hermo, su
parte de la villa de Mourtelos de Lemos.

Flores de lis, de aspecto vegetal en el ábside.

El enclave sagrado de Augas Santas fue un importante lugar mágico-sagrado desde el más remoto pasado, en el que se fueron sucediendo a lo largo de siglos las advocaciones y veneraciones de todo tipo, antes y después de la cristianización de Galicia. Los castros y

En vista de ello, tenemos que admitir que la penetración templaria en Galicia es anterior a la fundación del preceptorio de Ponferrada. Este coto del Temple está ubicado en el municipio de Guntín, Lugo, lugar privilegiado para los fines de la Orden. Por sus límites pasan el Camino Francés y el que desde Lugo se dirige a Santiago. Cuenta además con un hospital por cuya posesión andarán en constantes litigios con los benedictinos de Ferreira de Pallares.

Por la documentación que se posee, siempre escasa cuando se trata del Temple, se conoce el cambio que se va operando entre los templarios y sus poderosos vecinos, los abades de Ferreira y los obispos de Lugo. Los primeros sesenta años son de paz, pero el auge de la Orden, la altanería de sus miembros y sus exenciones canónicas provocan el recelo y las envidias de sus vecinos, sobre todo de los benedictinos

El primer conflicto estalla en 1227, cuando era maestre de Castilla León y Portugal, P. Albiti. A partir de entonces la rivalidad es continua, así, en 1241, vemos como el preceptor de Sanfiz do Hermo se ve envuelto en un nuevo pleito. Lo mismo sucede en 1265. El juez será el obispo de Lugo, quien al principio se muestra paternal en sus decisiones, pero con el paso de los años su ánimo se vuelve más intransigente con el Temple, vecino poderoso, rico y exento de toda jurisdicción episcopal. Con la disolución de la Orden, el coto pasa a los señores de Ulloa, futuros condes de Monterrey. En la provincia lucense, además de los cotospreceptoris citados, el Temple poseía en 1244 las iglesias de Vilamerelle, Canabal, San Esteban de Espasantes, San Jorge de Canedo, San Saturnino de Bacorelle, San Esteban de Barbadelo, Marzán, Carteire, San Juan de Apregación, Vasdra, Taboada, Santa Cruz de Asma, Nogueira, Noceda Deza y San Vicente de Sisto.

Según la leyenda, Santa Marinha
fue enterrada en este lugar.

megalitos que se encuentran en sus inmediaciones vienen a confirmar esas tradiciones ancestrales. A pesar de la influencia del Cristianismo, los celtas del siglo V siguieron practicando sus creencias; se adaptaron y evolucionaron con el tiempo, pero sin perder sus raíces. Es muy posible que dichas creencias perduraran todavía cuando el Temple se estableció en el lugar. La casi inexistente confrontación entre druidismo y cristianismo favoreció una probable simbiosis entre ambas, lo que dio como resultado el que la imagen de la santa aparezca en el interior de un roble, árbol considerado sagrado por el mundo celta. Dicha imagen se halla muy cercana al ábside de la iglesia.

Otro punto interesante del enclave es la fuente milagrosa que se halla a los pies de la santa y que, desde la Edad Media, recibe a romeros y peregrinos de todos los rincones de la comarca e incluso a aquellos procedentes de lejanas tierras que vienen para venerar la imagen y recibir sus aguas.

No voy a polemizar sobre si esas aguas tienen poderes o no, pero lo cierto es que se exponen gran cantidad de exvotos en la iglesia y muchos lugareños afirman haber sido testigo de curaciones milagrosas. Algunos de los peregrinos que llegan para ver a la santa ejecutan abluciones en las oquedades graníticas de las piedras que se encuentran esparcidas a lo largo del camino, cuyas aguas se cree poseen capacidades curativas. El caso es que nos encontramos de nuevo con una de esas constantes que han caracterizado a la Orden del Temple: su asentamiento en lugares comunes y con unos mismos parámetros. Montes sagrados, cuevas iniciáticas, aguas y fuentes milagrosas y monumentos megalíticos.

Resulta evidente que en los siglos XII, XII y principios del XIV el lugar y el entorno no eran los mismos. Por aquel entonces reunía todos los requisitos de otros enclaves de la Península. El paraje solitario, recóndito y casi aislado de toda concentración urbana poseía todos los elementos pretendidos por la Orden para llevar a cabo el estudio y aprendizaje de conocimientos esotéricos, la celebración de rituales de iniciación y el retiro necesario para la meditación.

A pesar del tiempo transcurrido y de que su leyenda se transmitió oralmente durante siglos, hecho que habrá cambiado seguramente su historia, se trata, en resumen, de la vida de una santa gallega que se educó bajo influencias cristianas, que fue perseguida y ejecutada y que recibió sepultura por parte de sus seguidores cerca del lugar de su

Entrada a la cripta de "O Forno da Santa",
que luce una cruz en la puerta.

Interior de la cripta. A ambos lados del muro de acceso
destacan dos relieves desconocidos.

Marcas de cantero en el interior de la cripta.

ejecución, seguidores que la que rindieron culto en secreto, hasta que Constantino mandó que cesara la persecución de cristianos.

Como en tantas ocasiones, es preciso encontrar la persona al cuidado del lugar para poder visitar la iglesia. Así fue como, después de efectuado el recorrido en su compañía y a punto de despedirnos, le pregunté si podía tomar una foto. Sabía de antemano que no estaba permitido pero, como creí haber visto a los pies de una columna una cruz paté muy desgastada, insistí en ello. Lógicamente al principio se negó. Pero ante mi interés, y al ver cómo la amable mujer empezaba a dudar, intenté poner cara de santo, que era lo mejor que podía hacer en aquel momento y en aquel lugar. Surtió efecto y ahora me complace poder ofrecerla por su interés documental.

Otro importante conjunto vinculado con la tradición, el entorno y la historia de Santa Marinha lo forman el Monte das Casarellas, también conocido como Cibdá de Armea y el monumento soterrado de la Basílica de la Ascensión, denominado popularmente como el "Forno da Santa", que se encuentra en sus cercanías. En el siglo XVIII, el cronista Juan Muñoz de la Cueva describe la existencia de los restos del castillo y fortaleza de Armea, hoy desaparecidos. Los trabajos arqueológicos efectuados hasta el momento en dicho lugar han demos-

Lápidas con cruces y la conocida figura, brazos en alto
que veremos en ocasiones diversas.

Después de repasar con tiza se resalta la cruz que en apariencia normal,
resultaría casi imperceptible..

Cruz inscrita dentro de un círculo.

Marcas desconocidas en otras lápidas.

trado la existencia de un importante asentamiento castreño cuyos hallazgos se exhiben en el Museo Provincial de Ourense.

Esta ruta que me permito calificar de mistérica posee otra etapa importante cuando se llega al roble junto al que falleció la santa, según cuenta la leyenda. Su tumba, que es en realidad una piedra megalítica situada en la base del árbol, es otro elemento que encaja perfectamente en esas tradiciones tan afines al Temple que pueden seguirse a lo largo y ancho de la Península.

"O Forno da Santa"

Prosiguiendo esa búsqueda tras los gremios herméticos medievales y las huellas de los caballeros de albas vestiduras, llegamos finalmente a la Basílica de la Ascensión, después de alejarnos del camino que sube al "Oteiro dos Pendóns", acompañados por un muchacho que nos sirvió de guía, pues de lo contrario no hubiéramos encontrado el lugar por nuestra cuenta.

La construcción corresponde a una obra románica de transición comenzada en el siglo XII, de la que se conserva el muro de la cabecera levantado hasta la altura de los capiteles. En sus paredes aparecen algunos signos lapidarios idénticos a los que existen en la iglesia que visitamos anteriormente. Una columna con capitel, a la derecha de una puerta estrecha que luce en su parte superior una de las cruces utilizadas por el Temple rodeada por un círculo, es el lugar de acceso de la cripta.

Se trata de un auténtico descenso al misterio. La humedad ambiental llega hasta los huesos y la oscuridad casi absoluta añade, si cabe, una mayor atmósfera enigmática al entorno. Los lectores que deseen visitar la cripta comprobarán que no exageramos en absoluto esas sensaciones que pueden percibirse en dicho lugar. La tortuosa escalera, los escalones resbaladizos y las paredes mohosas, a las que hay que añadir el bajo techo, obligan a descender agachado y con prudencia. El uso de una linterna se hace absolutamente indispensable.

La cripta puede distribuirse en tres tramos bien diferenciados. El primero, en el que desembocan las escaleras, es una estancia rectangular cubierta con bóveda de cañón sostenida por tres arcos fajones que arrancan desde el suelo. Al suroeste hay una especie de piscina y una gran losa para franquear el paso al segundo espacio de la cripta, a través de una puerta en el muro de separación. En este segundo espacio, el pavimento está formado por losas rectangulares y trapezoidales que contrastan con la irregularidad del anterior, en cuyo tramo se reutilizaron, lamentablemente, laudas y lápidas probablemente en el siglo XVIII, que fueron descubiertas al realizar obras de restauración a finales de los años cuarenta. Finalmente, el tercer tramo es el que aporta con mayor exactitud vestigios sobre la antigüedad de la Basílica. Se trata de una dependencia de ábside semicircular construida con piedras pequeñas y cubierta con falsa cúpula, rematada por una losa en la que se abre un orificio que da al exterior.

Los elementos que componen este último espacio, la gran losa de separación y la piscina concuerdan con las llamadas "cámaras funerarias" de la cultura castreña.

Al bajar se intuye que las marcas de cantero están escondidas en los rincones más inimaginables y recónditos. No cabe duda de que los lugares elegidos y la oscuridad reinante son buenos aliados para que dichas marcas pasen inadvertidas. Si se tiene la suerte de poder localizarlas se comprobará la existencia de una tradición compañeril de milenios, puesto que sus grafías se corresponden con las de los petroglifos prehistóricos y las de las famosas runas nórdicas. Runas zodiacales de constelaciones, de las que cabe destacar una de las que más se utilizó en el románico galaico: la grafía de Aries. Este círculo con una media luna o cuernecillos en su parte superior es el que llegamos a distinguir hasta en tres ocasiones en los mohosos muros de la estrecha escalera.

Las escasas lápidas que aún se conservan recuerdan las que vimos anteriormente en los enclaves de los canteros medievales de Iria Flavia y Noia. Lápidas con símbolos crucíferos, patas de Oca, una figura antropomorfa que saluda al sol naciente y signos supuestamente esotéricos que desconozco. Cuando fueron levantadas por los arqueólogos, estas tumbas vacías como las de Santa María a Nova, cuyas lápidas estaban dispuestas en el enlosado, se descubrieron otras marcas por debajo del nivel del suelo, además de una corriente de agua que circulaba bajo ellas, lo que confirma esas creencias ancestrales sobre la existencia de las fuerzas telúricas de la Madre Tierra.

Algunos de estos signos esculpidos en la cripta, representaciones de constelaciones como Aries, Tauro o Libra, fueron transmitidos de generación en generación, siglo tras siglo, por sociedades herméticas de constructores que en Galicia recibían el nombre de Companheiros, herederos de los artesanos de los petroglifos y de la cultura megalítica, que sembraron con sus signos el ancestral camino al Finis Terrae, que más tarde se convertiría en la conocida Ruta Jacobea.

Antes de alejarnos de Santa Marinha de Augas Santas deseo citar las acertadas palabras del investigador Tomé Martínez, que dicen así:

"Tal vez sólo algunos espíritus, profundamente evolucionados y alejados del mundo, pueden captar su trascendencia. No cabe duda de que nos encontramos en presencia de una expresión iniciática, poseedora del secreto de ese Dios cósmico que todo lo envuelve y que en Augas Santas adquiere una especial relevancia para aquellos pocos que todavía se adentran en la oscuridad de la cripta de Santa Mariña con el ánimo de descifrar las claves de los canteros del Cosmos".

Visitar Galicia es sumergirse en un legado milenario y en una cultura autóctona que supo sobrevivir hasta nuestros días y cuya herencia histórica, mítica y legendaria puede contemplarse a cada paso.

Capítulo 10

Otras tierras

Esa búsqueda tras las huellas del Temple podría llevarnos a recorrer la Península entera. Todos y cada uno de los enclaves, reconocidos unos y dudosos otros, merecen la misma atención. Pero como el objetivo del presente trabajo es el de ofrecer asentamientos poco conocidos o incluso inéditos, efectuamos un salto desde el noroeste peninsular para acercarnos hasta Catalunya, donde existen noticias sobre la posibilidad de que allí naciera uno de los fundadores de la Orden del Temple, y hasta Castilla-León, autonomía que posee, fuera de los circuitos conocidos, unos pueblos encantadores en los que la sorpresa aguarda al buscador.

¿Hugues de Payns o Hug de Pinós?

Si históricamente existen documentos manipulados por razones de toda índole para beneficiar a unos o perjudicar a otros, si legajos polvorientos otorgan nobiliarios títulos a personas que no son merecedoras de ello, si siempre han existido las llamadas razones de Estado y si intereses políticos, económicos o religiosos han llegado a tergiversar la realidad, habrá que preguntarse, caso de que así fuera, los motivos que

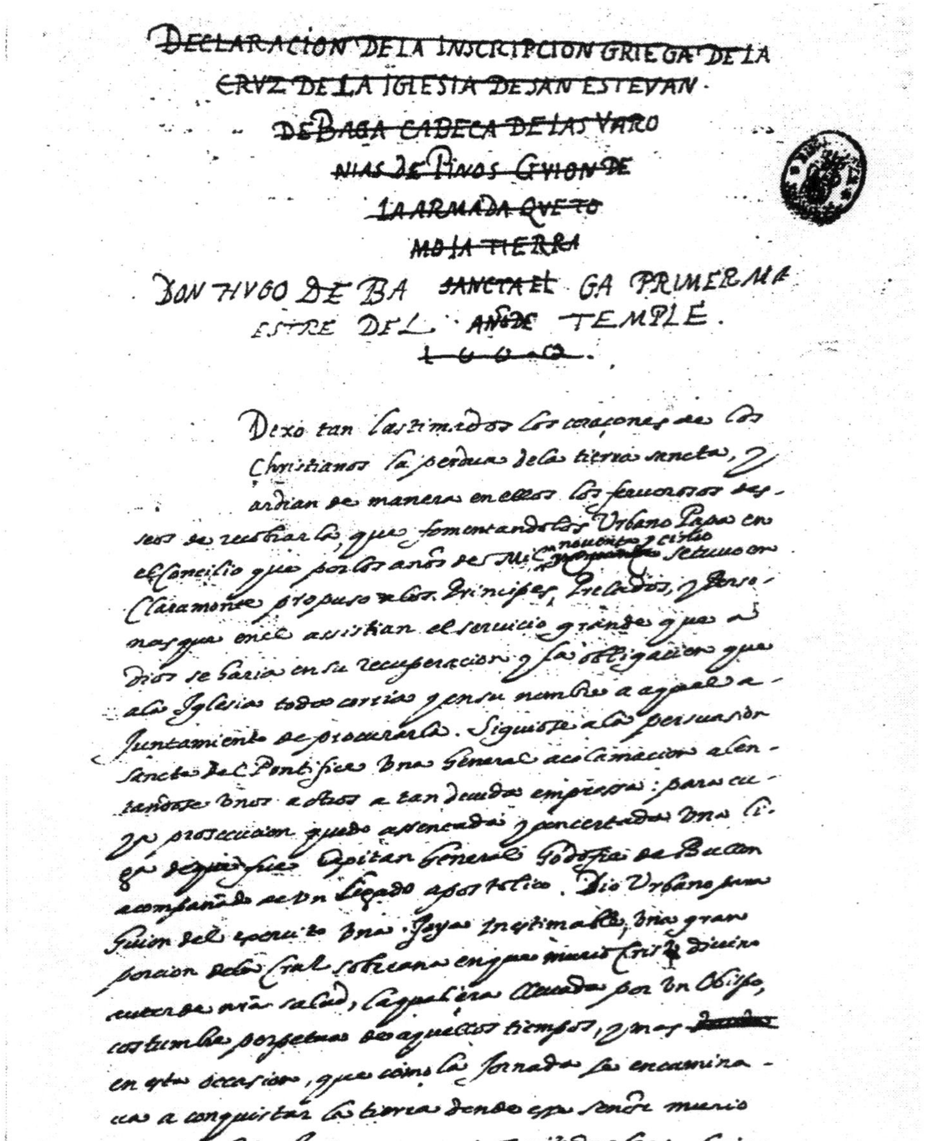

~~Declaracion de la inscripcion griega de la Cruz de la Iglesia de San Estevan de Baga cabeça de las varonias de Pinos guion de la armada que tomo la tierra sancta el año de 1662.~~

Don Hugo de Ba ga primer maestre del Temple.

Dexo tan lastimados los coraçones de los Christianos la perdida de la tierra sancta, y ardian de manera en ellos los fervorosos deseos de recobrarla, que fomentandolos Urbano Papa en el Concilio que por los años de M noventa y cinco se tuvo en Claramonte propuso a los Principes, Prelados, y personas que en el assistian el servicio grande que a Dios se haria en su recuperacion y la obligacion que a la Iglesia todos tenian y en su nombre a aquel ajuntamiento de procurarla. Siguiose a las persuasiones del Pontifice una general aclamacion alentandose unos a otros a tan devida empresa; para cuya prosecucion quedo assentado y concertado un [illegible] Capitan General Godofre de Bullon acompañado de un Legado apostolico. Dio Urbano por guion del exercito una joya inestimable, una gran porcion de la Cruz sobre la qual murio Christo [illegible] por nuestra salud, la qual era llevada por un Obispo, costumbre perpetua de aquellos tiempos, y mas en esta occasion, que como la jornada se encaminava a conquistar la tierra donde este señor murio puesto en la Cruz, era muy a proposito darles por guion la misma Cruz en quien [illegible] mas victorias.

Primera página del manuscrito donde se narra la genealogía de la familia Pinós.

Se cita a Hugo de Bagá, primer maestre del temple.

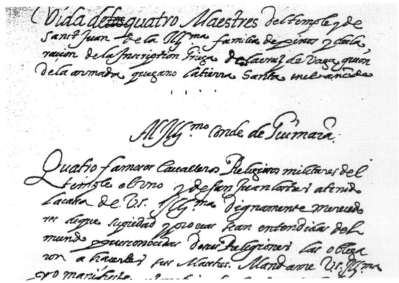

Otra parte del documento en el que se citan a distintos miembros de los Pinós,
que pertencieron a las órdenes del temple y la de San Juan.

pudieron existir para falsear la historia de uno de los miembros de la
familia de los Pinós, en la Catalunya del siglo XII.

Por todos es sabido que el nacimiento de la Orden del Temple en
Tierra Santa fue motivado para que dicha hermandad tuviera bajo su
custodia el cuidado y vigilancia de los peligrosos caminos de peregrinaje a Tierra Santa. Con el nacimiento de la institución ya surge el
primero de los muchos interrogantes que la acompañarán hasta su
disolución.

Si ya existía la Orden de San Juan de Jerusalén, conocida como la
de los Hospitalarios, cuyo objetivo era el mismo ¿no resultaba más
lógico que los nueve caballeros fundadores se integrasen en una orden
ya establecida? ¿Para qué fundar una segunda con el mismo fin? Cabe
pensar que la nueva orden, la del Temple, tenía otros fines posiblemente secretos además de la pura y simple vigilancia y custodia de
peregrinos. Tal vez estos hechos tan poco claros hayan sido los que han
forjado el mito y la leyenda que han acompañado a los templarios y
que han provocado todo tipo de conjeturas y especulaciones

Fue precisamente su historia, mito y leyenda los que me llevaron
hasta la localidad de Bagà.

Otro ejemplo de cómo otro Pinós pasa a ser miembro
de la orden del San Juan.

Situada en la zona pre-pirenaica de la comarca del Bergadá, Bagà, que pertenece al área conocida como de la Catalunya Vella (Cataluña Vieja), puede enorgullecerse de poseer una historia rica en hechos importantes y de ser quizás la cuna de uno de los fundadores de la Orden del Temple.

Debemos al investigador Rafael Alarcón Herrera el haber desempolvado de la Biblioteca Nacional de Madrid un manuscrito, con número 7.377, que contiene la genealogía de la familia Pinós de Bagà y de los señores de las baronías que llevan su nombre. El manuscrito fue redactado por un erudito catalán en el año de 1662, está dirigido al Conde de Guimerá y lleva por título: "Declaración de la inscripción griega de la cruz de San Esteban de Bagà, cabeza de las Baronías de Pinós, guión de la Armada que tomó Tierra Santa, año de 1110. Don Hugo de Bagà, primer Maestre del Temple".

Lo cierto es que desde su aparición histórica la familia Pinós estuvo íntimamente ligada a la Orden del Temple. En 1154, los Pinós hicieron donación de una casa en Lleida, situada junto a la iglesia de San Vicente, que fue utilizada mientras se restauraba el castillo de Gardeny, adquirido por Ramón Berenguer IV. En 1170, donan a la Orden los montes de Sitjá, con sus tierras limítrofes entre Bagà, Saldes,

anverso de la cruz de Bagá.

Reverso de la cruz de Bagá. Lignum Crucis que trajeron
los cruzados de Tierra Santa.

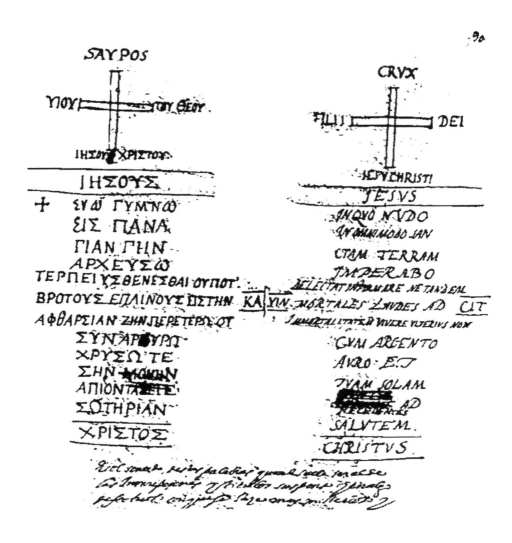

Descripción de la cruz-relicario de Bagá,
con el texto en griego y en latín.

Tuixent, Sant Llorenc de Morunys, Montaña Peguera y Vallcebre, que formaron parte del Condado de Cerdanya. Estas donaciones ampliaban las ya existentes de Puigcerdá, Toloriu, Urgell, Casseres, Puig Reig, Solsona, Llussá, La Pobla de Lillet, Sant Juliá de Vilatorta y Vic.

En 1179, Arnau de Pinós entregó a la Orden su corcel y sus armas, al igual que hicieran en su momento el Conde Ramón Berenguer III y otros, tal y como era tradición cuando se ingresaba en la Orden. La relación de la familia Pinós con el Temple resulta evidente, al igual que sucede con su posterior ingreso en otras órdenes militares, tal y como se indica en el manuscrito. Quiero destacar que en dicho texto se aportan datos que han sido comprobados y confirmados como ciertos.

El documento dirigido al Conde de Guimerá cuenta que entre el contingente catalán que partió con la primera cruzada junto a Godofredo de Bouillon se encontraban los condes del Rosellón y la Cerdanya, así como Guillén de Gañete, acompañado por los hermanos Galcerán y Hugo de Pinós, hijos del almirante de Catalunya y de doña Berenguela de Montcada.

La valentía y el coraje de los cruzados hicieron posible la toma de Jerusalén en 1099 y, tras disputar encarnizadas batallas, los caballeros cristianos entraron en la Ciudad Santa por la puerta de San Esteban, donde siglos atrás había sido lapidado el protomártir. El documento continúa su relato asegurando que tan sólo un año después, hacia 1100, algunos caballeros acordaron constituir una cofradía que se pusiera al servicio y custodia de los peregrinos. Se alojaron en unas humildes estancias del Templo de Salomón y tomaron el nombre de Caballeros del Templo. El noble catalán Hugo de Pinós fue nombrado primer Maestre de la nueva Orden y adoptó el nombre de su tierra natal, Bagà, con lo que pasó a ser Hugo de Bagà, latinizado como Baganus.

No deseo polemizar sobre la autenticidad de los contenidos documentales existentes de una y otra parte de los Pirineos. Personalmente no me importa ni poco ni mucho si se trata de Hugues de Payns o bien de Hug o Hugo de Pinós, pero al conocer la ya tradicional afición del país vecino de afrancesar nombres y apellidos, consecuencia de un chauvinismo incomprensible, no debe extrañarnos la posibilidad de estar frente a una duplicidad de nombres.

Escudo de los Pinós: una piña y una flor de lys.

Poseemos al respecto ejemplos de cómo el nombre del Maestre del Temple, Arnau de Torroja, se convierte en Arnaud de Torrege, Torroje, e incluso Tour Rouge. Del mismo modo, Gilberto Esrral resulta ser Gibert Erail. Pere de Montagut, se transforma en Pierre de Montaigu y Guillem de Bellch, en Guillaume de Beauje. El propio Arnau de Vilanova se convierte por arte de magia en Arnaud de Villeneuve y así sucesivamente hasta confeccionar una larga lista.

Es ya tradicional que los nombres propios sean adaptados a las respectivas lenguas o idiomas. Así, personajes históricos envueltos por la leyenda como la familia Borgia -recordada por sus orgías y envenenamientos- eran en realidad de procedencia valenciana y de nombre Borja. Tengamos presente que la inmensa mayoría de documentos eran redactados en latín y confeccionados a mano por un escribano. Cualquier pequeño error ortográfico que se cometiera pasaba a otros documentos y así sucesivamente hasta que llegaban a producirse auténticos cambios, como probablemente sucediera con el caso que nos ocupa.

Hugo de Bagà pasará fácilmente de Baganus a Paganus y Pagani. Más tarde el nombre se convertiría, por corrupción fonética, en Paencium, Paence, Paiens, Payens y finalmente Payns. Hace ya algún tiempo comprobamos estas cuestiones lingüísticas en el Principado de

Asturias, donde un noble llamado Rodrico Sebastianiz, posible caballero de la Orden del Temple, aparecía en los documentos de su época como Rodericus Sebastianis.

El citado manuscrito sigue contando cómo, una vez establecida la Orden, el Papa Urbano II da como reliquia a los cruzados un Lignum Crucis que contiene un fragmento de la Veracruz. Galcerán, hermano de Hugo, regresó a Catalunya para cuidar del patrimonio familiar y reclutar caballeros para la nueva milicia. En su viaje de regreso trajo consigo este Lignum Vía e hizo construir la iglesia de San Esteban, en la que se ha venerado hasta el día de hoy.

Esta cruz bizantina no sólo posee un innegable valor artístico como objeto, si no también por el texto que lleva escrito. El anverso de la cruz contiene el vacío cruciforme destinado a albergar la reliquia de la Veracruz y presenta en sus cuatro extremos la inscripción: "Cruz de Jesucristo Hijo de Dios". En los extremos de su reverso puede observarse otra inscripción: "Jesucristo Vence". Estas siglas flanquean el texto principal en forma de cruz, formado por versos dodecasílabos separados por un punto. Finalmente, dos pequeñas cruces delimitan el inicio y el final del texto, que es el siguiente:

> " (La cruz) en la cual, desnudo,
> desnudas la maldad eterno
> Salvador, todo poderoso Verbo de
> Dios que revistes a los mortales de
> Incorruptibilidad de un relicario
> de oro y plata te rodean aquellos
> que viven en tu ministerio para su
> salvación"

La cruz de Bagà, tal y como se la conoce, obra ya desde un principio su primer milagro en el propio seno de la familia Pinós-Bagà. El conde de Barcelona, Ramón Berenguer IV, junto con la nobleza de Pisa, Génova, Navarra y Castilla organiza una expedición para conquistar la ciudad de Almería, refugio de piratas que asolaban las costas mediterráneas. Durante el combate, Galcerán de Pinós, que fue nombrado almirante de la flota, es capturado y hecho prisionero junto a un servidor suyo, el caballero Sant Cerní

Una vez conocido el cuantioso rescate exigido por los musulmanes, se tardaron cinco años en reunirlo. Cuando dicho rescate estaba a punto de ser embarcado en el puerto de Salou (Tarragona), San Esteban y San Dionisio obran el milagro y los cautivos son liberados.

Esta es, muy resumida, la narración del manuscrito que, en su segunda parte, narra este primer milagro de la Veracruz de Bagà en el año de 1147. Resulta significativo que, de nuevo, se cite en un manuscrito a una Veracruz, esta vez en la localidad de Bagà, que al igual que la de Segovia, la de Caravaca o la de Ponferrada, proceden directa o indirectamente de Tierra Santa. Además, aparece de nuevo en esa historia o leyenda, si se prefiere, la imagen de dos hermanos, hecho generalizado en casi todas las tradiciones en que el Temple está por medio.

Estos *Lignum Crucis*, bajo la forma de cruz patriarcal, se convierten en distintivo de la Orden tanto en su aspecto literal como en el simbólico mucho antes de la conocida cruz paté. Estos relicarios estaban acompañados generalmente por Vírgenes Negras, Cristos muy peculiares o por el famoso y polémico Bafomet. En la mayoría de ocasiones, estas cruces eran veneradas en capillas o iglesias poligonales, semejantes a la Cúpula de la Roca, la Iglesia Madre de Jerusalén.

Precisamente, la ciudad de Vic posee una iglesia poligonal que la tradición atribuye al Temple. Puesto que esta localidad dependía de la cercana encomienda de Sant Juliá de Vilatorta, y se trataba de un relato tradicional, todo parece indicar que el Lignum Crucis fue traído de Constantinopla por el obispo de Vic, Arnulfo.

Cabe pensar que sería más tarde cuando la reliquia sería trasladada a la villa de Bagà, una vez construida la iglesia de San Esteban bajo el mandato de Galcerán de Pinós. Galcerán vivió muchos años y de su abundante descendencia proviene el linaje de los Pinós. Al final de sus días se retiró al monasterio de Santes Creus, que él mismo había fundado con otros barones. Allí tomó los hábitos y falleció poco después. Su sarcófago, que muestra el escudo de los Pinós, puede contemplarse hoy en día en el claustro del monasterio.

Las calles empinadas de Bagà destilan historia, leyenda y tradición. Los restos de su muralla y su plaza porticada, donde se alza la estatua de Galcerán de Pinós, recuerdan al visitante todo este pasado que nos habla de migraciones cátaras y de posesiones templarias, de entre las que surge la figura histórica de Hugo de Pinós, que bien pudo ser uno de los fundadores de la Orden del Templo de Salomón.

Huellas sorianas

San Saturio

A un kilómetro escaso de Soria capital se levanta la ermita de san Saturio, colgada a media ladera del monte de Las Ánimas y levantada sobre un peñasco horadado por cuevas. Rodeada de chopos, la ermita contempla el paso tranquilo del río Duero y guarda silencio sobre sus brumosos orígenes.

El edificio actual fue construido entre 1699 y 1703. Es de planta octogonal alargada, con cúpula del mismo estilo coronada por un cimborrio de ladrillo. La construcción se realizó sobre otra anterior, de planta análoga pero más regular, de mediados del siglo XII, en plena Edad Media y cuando la Orden del Temple era propietaria de la encomienda de San Polo, próxima a san Saturio, y de todos los territorios circundantes.

El antiguo acceso a la ermita tenía que realizarse forzosamente por el convento templario. Resulta fácil deducir que si los templarios dominaban aquella zona controlasen dicho acceso. El enclave de la Orden sólo pasó a ser público cuando en el siglo XVI aparecieron los restos de "un cuerpo santo", según consta en el libro de Actas del Ayuntamiento de Soria.

La mano del Temple se hace presente cuando ese extraño santo, cuyos devotos sorianos identifican con Saturno, es presentado como el busto negro de un anciano de larga barba. Su presencia y el relicario en forma de cráneo que se conserva en la iglesia de la Concatedral de San Pedro, así como la mítica vida del santo, inclinan a pensar que los templarios conservaron una esotérica tradición y cristianizaron más tarde el lugar, pero de forma exotérica.

El busto que puede verse hoy día fue realizado en bronce negro a finales del siglo XIX por Rafael Quiles, discípulo de Bellire. Este hecho sirve de argumentación para descalificar posibles fantasías o esoterismos al uso. Cabe preguntarse de todos modos si el busto actual es una copia de aquel que podría presidir las reuniones de los monjes-guerreros o bien se trata de otro similar. El aspecto que ofrece es el de uno de esos relicarios que abundaron desde el siglo XIV.

Se desconoce la causa de la negritud del santo, pero lo cierto es que el negro ha sido siempre la representación de la Madre Tierra, de

Ermita de San Saturio (Soria), colgada a media ladera del monte de las
ánimas y colgada sobre un peñasco horadado por cuevas.
La ermita se levantoó sobre otra anterior octogonal.

cuyo seno surge la vida. Este santo vivió en la caverna, donde se efectúa un retorno al útero materno como sólo el asceta sabe asumir con plena conciencia mística

En la sala de aspecto capitular que se conoce como la del Cabildo de los Heros es donde se reunía esa cofradía en torno a la imagen del santo. Se cuenta que, en el siglo XVIII, se reunían en ella los labradores sorianos para dirimir sus diferencias y problemas. Por aquel entonces, ya existían en la estancia una serie de escaños de piedra de forma semi-circular, en consecuencia mucho antes de que fueran utilizados por dicha hermandad. No resulta aventurado pensar que la estancia ya era empleada por los caballeros templarios para reuniones de toda índole.

Resulta curioso comprobar cómo el santo anacoreta permaneció ignorado de la feligresía soriana hasta bien entrado el siglo XVI. Fue entonces cuando el culto a san Saturio quedó restringido a los límites de la ciudad de Soria y cuando se consolidaron el mito y la leyenda. Otro dato a tener en cuenta es que se carece de toda noticia que pueda indicarnos si dicho santo pudo haber pertenecido a alguna orden reli-giosa, qué enseñanzas o iniciaciones pudo recibir y, en consecuencia, de quién o de quiénes. Si la sombra del Temple planea sobre el lugar, entonces se hace más evidente esa falta de información.

Si contemplamos las diversas imágenes que existen del santo eremita, pertenecientes a distintas épocas, comprobaremos que se le presenta siempre de medio cuerpo o de busto, negro y barbado. Única-mente en las pinturas murales del siglo XVIII existentes en la capilla del santuario, que representan a los más famosos anacoretas, se puede ver excepcionalmente de cuerpo entero y con los colores que caracteri-zan a los frescos en general.

Otro dato curioso es el de que los bustos que aparecen corriente-mente a partir del siglo XIV representaban a un determinado santo, que, a su vez, servían de expositor para unas reliquias del mismo, las cuales se podían contemplar a través de un cristal situado a la altura del pecho de la imagen. La de san Saturio no posee esta característica, así como tampoco es policromada como solían estarlo aquellos bustos.

Si podemos atribuir un origen "saturnino" al santo, también puede hacerse con san Polo, al que se atribuye un origen solar como Apolo. Cabe añadir que san Polo tampoco se encuentra en el santoral.

Durante los interrogatorios de la Inquisición, el freire Garcerant confesó que los templarios poseían un ídolo, "In figuram baffometi".

Dependencia con techo de yeso que imita la roca, en la que
se halla el negro busto de San Saturio.

Bucólica representación del santo con su discípulo Prudencio, en una vidriera en arco de medio punto. Junto a ella se encuentra la sala de Los Heros.

Parece ser que la figura se guardaba en un armario y sólo era utilizada en contadas ocasiones y estas muy especiales. Su aspecto era el del un anciano barbudo que podía tener uno, dos, o tres rostros. Hecho de madera o de metal, en ocasiones podía ser sustituido por un cráneo. Esta declaración abría el misterio sobre el mítico Bafomet, que perdura hasta nuestros días.

Sobre el Bafomet se ha dicho todo o casi todo. Para algunos se trataría del término Mahoma o Mahomet, deformado. Hipótesis no sin fundamento si suponemos que la Orden hubiera sostenido relaciones con el esoterismo islámico en Tierra Santa. Para el sufí Idries Shah, se trataría de una corrupción de la palabra árabe "abufihamat" o "bufi-hamat", y añade que existe una expresión sufí, "rash el´fahmat", que significa "cabeza de conocimiento". El francés Louis Charpentier opina que el Bafomet sería la representación de una especie de compendio de símbolos alquímicos. Por su parte, Hammer Purgstall propone que dicha palabra procede de "baphe", que en griego significa tintura por inmersión, y "meté-os", espíritu. Por lo que la palabra Bafomet sería el bautismo espiritual o el de la inteligencia, practicado por los gnósticos. Finalmente, el misterioso alquimista Fulcanelli añade: "Jamás fue un ídolo como creen algunos, si no tan sólo un completo emblema de las

Cabeza de relicario de San Saturio, que se conserva
en la Catedral de San Pedro de Soria.

Reverso de la cabeza relicario de San Saturio.

tradiciones secretas de la Orden, utilizado como paradigma esotérico, sello de caballería y signo de reconocimiento".

En cualquier caso, estaríamos frente a un condensado de símbolos esotéricos de carácter iniciático o alquímico, con finalidades trascendentes que transmitían ciertos conocimientos. Se trataría en definitiva de un objeto de meditación, reflexión y enseñanza, pero en ningún caso de un objeto de veneración idolátrica.

Estas cabezas relicario están repartidas por la Península en aquellos territorios en los que se asentó el Temple o bien cercanos a ellos. Dichas cabezas son por lo general de plata y encierran en su interior una calavera humana como la que se conserva en la iglesia de la Concatedral de San Pedro de Soria.

A pesar de las reparaciones que ha sufrido dicha cabeza en distintas épocas, puede considerarse fiel reflejo del original medieval. La calavera de plata posee una abertura posterior que permite ver el cráneo del santo y se cierra por una placa más moderna articulada. Otra placa que se halla en su frente lleva la inscripción siguiente: "CAPVT ST. ATVR CIVIT NOMANT PATRONI".

Pueden localizarse otras cabezas relicario cerca de Sorlada, en Navarra, que parece ser que pertenecía a san Gregorio Ostiense. El cuerpo del santo se guarda en un arca y su cráneo en una cabeza de plata. El posible origen templario de esta cabeza habría que buscarlo en los asentamientos que el Temple poseía en Cuevas de Viana, en la granja de Aberín y en la iglesia octogonal de Torres del Río.

Otras cabezas relicario se encuentran en Arnotegui, también en Navarra y junto a la archí conocida iglesia octogonal de Eunate. Y que posiblemente pertenezca a san Guillén o Guillermo. También se encuentran cabezas en los pueblos que, curiosamente, llevan el nombre de Escarabajosa de Cabezas, Cabezuela y Sauquillo de Cabezas. Todas ellas en una zona que está formada por un triángulo que comprende las encomiendas templarias de Sepúlveda, Cuellar y Segovia.

Seguiremos nuestro apasionante viaje intentando escuchar los ecos perdidos de viejas leyendas y tradiciones, viviendo sensaciones y contemplando imágenes que nos harán revivir un pasado que sólo espera convertirse en presente.

Río Lobos, centro iniciático

Prosiguiendo la búsqueda por tierras sorianas, nos dirigimos hacia el Cañón del Río Lobos, cuyo nombre parecía contener posibles encuentros reveladores. Protegida por altos acantilados sembrados de cuevas eremíticas se alza la ermita de San Bartolomé, que es todo cuanto queda del monasterio que poseyeron los templarios a comienzos del siglo XII en Ucero. Vigilada por el buitre leonado y el águila real, esta capilla se encuentra situada en el centro de un pequeño circo rocoso.

Ya desde un principio surgen los interrogantes. Cabe preguntarse la utilidad de dicho asentamiento en una zona desértica y sin interés estratégico ni militar, puesto que las fronteras musulmanas ya se hallaban muy alejadas en aquella época. Así mismo, tampoco era camino de peregrinaje que proteger y custodiar, ni una ruta comercial que pudiera aportar interés económico alguno.

No existen noticias que avalen la importancia de dicho convento, tan sólo indicios que hacen sospechar que en esta soledad los monjes-guerreros encontraban el lugar idóneo para sus estudios e iniciaciones.

En esta ocasión, mi sufrida esposa, que ya empezaba a estar harta de tanta "piedrecita" y tanto "dibujito", se quedó al lado de la fuente que se halla casi al final del camino que conduce al Cañón esperando pacientemente mi regreso y el de mis correrías, a la sombra de aquel caluroso día del mes de agosto.

Huellas de ancestrales estudiados por la Orden están presentes en la inmensa caverna que se abre frente a la ermita, en la que presumiblemente se oficiaban los misterios de la *Magna Mater*.

Toponimias consideradas sagradas, la presencia de megalitos en sus proximidades, los mitos y tradiciones como la del primer conde castellano independiente, Fernán González, y la leyenda con trasfondo ocultista del mito de los Siete Infantes de Lara, que se desarrolló en el entorno de la cercana Sierra de la Demanda, convierten a toda esta zona en un territorio muy especial.

Se cuenta que el Cañón de Río Lobos recibe este nombre por la cantidad de estos animales que habitaban en aquellas tierras cuando las condiciones del entorno no eran desfavorables. Animal dedicado a Lug, dios celta, fue en la Edad Media símbolo de sabiduría y puede contemplarse en numerosos canecillos de las iglesias. Es también pose-

Ermita de San Bartolomé de Ucero. Los restos de lo que fue
un convento del temple.

edor de los conocimientos ocultos de los artesanos de las hermandades
de constructores, auspiciadas y protegidas posteriormente por el
Temple. Así mismo se presenta como compañero habitual de santos
como san Francisco de Asís, que bebió de fuentes sufíes, y tal vez el
más conocido, san Roque, representado casi siempre con la rodilla
desnuda, signo de iniciación en saberes ocultos.

Tal vez lo que más atrae la atención del visitante sea el simbolismo
que posee la ermita bajo un aspecto sencillo en su estructura y con los
mínimos aspectos arquitectónicos imprescindibles. Toda ella es de sillería y concentra las energías para que no se dispersen y puedan envolver
el cuerpo, el alma y el espíritu del adepto. Algunas marcas de cantero,
muy diseminadas, delatan la presencia de maestros artesanos, posiblemente franceses, procedentes de Aquitania.

En sus canecillos puede observarse una H enigmática, algunos
rostros humanos todavía perceptibles, un búho, barriles, estrellas y
algunos animales que representan los distintos grados gremiales de los
constructores, como zorros y lobos, los cuales son difícilmente identifi-
cables a causa de su deterioro.

En otros canecillos se puede ver a un búho y a su derecha,
lo que parece ser un crismón.

Distintas cruces latinas y la imagen antropomorfa l
evantando los brazos en adoración al rey.

Destaca especialmente un canecillo en el que se ven cuatro cabezas con el cráneo achatado. Existen distintas versiones sobre su probable significado. Para algunos, estas cabezas representan el cuaternario, número de la inteligencia, el nombre sagrado de Dios para los hebreos, compuesto por cuatro letras (JHVH), y (ALLH) para el Islam. También puede representar la Tierra y la Mujer, en oposición al Cielo y al Hombre. Para otros se trataría simplemente de cabezas cubiertas con los yelmos y la protección nasal que usaban los caballeros del Temple.

Finalmente, entre otros canecillos pueden verse un crismón, cruces y una figura humana con los brazos en alto, tal y como se hacía ancestralmente para saludar el nacimiento del astro rey. Creo que si pudiera llevarse a cabo un estudio profundo sobre toda la simbología de la ermita, probablemente aparecería una especie de tratado gnóstico, cabalístico y alquímico.

He de confesar que lo que más me sorprendió del templo fueron las dos estrellas invertidas que se encuentran en los hastiales norte y sur, trazadas en una sola línea de lacería e inscritas en un perfil circular lobulado.

Las lacerías, en general, expresan el movimiento infinito de la evolución y la involución a través de los hechos humanos y cósmicos. Este tipo de ornamentación era muy apreciado por árabes, coptos y celtas. En la iconografía del románico puede observarse cómo plantas, animales y seres humanos están rodeados por este entrelazado que representa a su vez el movimiento envolvente que reúne todo aquello que aparentemente está disperso. Un buen ejemplo puede contemplarse en el claustro de san Juan de Duero, ubicado junto a la ciudad de Soria, cuyos arcos y capiteles son de una extraordinaria belleza.

En este rosetón mandálico se observa cómo la tracería se entrelaza para formar diez corazones: cinco pequeños y cinco largos, con la estrella o pentalfa y el consiguiente pentágono central.

La profundidad psicológica y espiritual de este rosetón se hace evidente si recordamos cómo en la psicología junguiana el corazón es uno de los símbolos más importantes, el Sí-mismo, El Corazón del corazón. En el sufismo, por lo general, el corazón es el órgano en el cual se produce el verdadero conocimiento: la Gnosis.

René Guenón resume el simbolismo del corazón al indicar que representa el centro del ser y que a cada centro espiritual se le denomina "Corazón del Mundo".

Rosetón-mandala pentalfa invertido con pentágono central,
y que forma cinco corazones pequeños en el exterior, y otros cinco más largos.

En alquimia representa el fuego filosofal y el oro; en el antiguo Egipto, el símbolo vinculado al corazón era representado por un vaso o una copa, simbolismo que nos conduce directamente al Santo Graal o Grial: el símbolo más sagrado de la Edad Media. El hecho de que la estrella se presente invertida, ya lo comentamos en su momento, simboliza la adquisición de valores más elevados, espirituales, alejados de aquellos profanos y mundanos. El ser humano mira al cielo y no a la materialidad terrestre.

Ya de regreso, con la cabeza llena de interrogantes, preguntas y símbolos fui al encuentro de mi esposa para proseguir nuestra andadura soriana.

Una tarde, en la localidad de El Burgo de Osma, estuvimos conversando sobre el tema con el investigador Ángel Almazán de Gracia. Ángel nos contó cómo algunas personas sensitivas colocan sus pies en el centro de una losa, que se halla próxima a la entrada y tiene una cruz central rodeada por un sol radiante con picos blanquinegros, para recibir la fuerza telúrico-magnética del lugar.

También nos informó de que en un capitel de la izquierda, justo al entrar, se observa la cruz templaria dentro de un círculo y rodeada de rombos que se supone estarían pintados de blanco y negro; esto simboliza la enseña templaria del Beausseant, tal y como puede verse en la capilla octogonal de Laon, Francia, donde tales rombos rodean a la cruz de las ocho beatitudes.

En 1994, Ángel descubrió tres graffiti en forma de Union Jack en los muros de las capillas interiores, es decir, cruz y diagonales dentro de un cuadrado. Este mismo signo fue utilizado por los templarios apresados en la torre del homenaje durante su cautiverio en el castillo francés de Chinon. Así mismo, dichos dibujos o grabados también aparecen en sepulcros de la Orden.

La ermita abre sus puertas el 24 de agosto, día de la romería de San Bartolomé y de la Virgen de la Salud. Como lamentablemente las fechas de nuestra estancia por Soria no coincidían con las de la celebración de dicha fiesta, no pudimos recabar documentos gráficos del interior de la ermita. A pesar de ello, la gentileza de Ángel me permite reproducir algunas de las interesantes fotos de una de sus obras titulada: "Por tierras de Soria, La Rioja y Guadalajara".

La Sierra del Almuerzo

Aquel día nos dirigimos hacia la Sierra de la Demanda para ir al encuentro de la cuna en la que nació la leyenda de los siete Infantes de Lara.

El nombre medieval de estos montes era Sierra de la Demanda del Santo Grial, aunque anteriormente fue conocida por los romanos como montes Distercios. En ellos moraron anacoretas, santos heterodoxos, ermitaños y caballeros templarios. La epopeya de los siete Infantes de Lara posee frecuentemente semejanzas y paralelismos con otras leyendas de corte iniciático y graálico.

El desarrollo de su gesta se polarizó entre dos serranías: una burgalesa y riojana, la Demanda, y la otra soriana, la del Almuerzo. Brevemente, la leyenda de los siete Infantes es como sigue: siete hermanos educados por su ayo y mentor, el anciano Nuño, poseen todas las propiedades características de los caballeros de la época. Ruy Velásquez de Lara, su tío, se une en matrimonio con doña Lambra y, en la fiesta de los esponsales, los hermanos son desafiados a un torneo de lanzas. El menor de los Infantes, Gonzalo, acepta y vence en el torneo. Es entonces cuando el primo de la novia, Álvar Sánchez, furioso por la derrota, ofende a Gonzalo y le reta en duelo, pero perece a manos del infante.

La novia, doña Lambra, humillada y ofendida por la derrota, insta a su esposo para que Gonzalo sea enviado prisionero hasta Córdoba, en poder de los árabes. Como era de esperar, los seis hermanos de Gonzalo parten para rescatarlo. Pero caen en una emboscada y perecen decapitados en ella. Cuando su padre, Gonzalo Gustrios, acude para recuperar los cadáveres de sus hijos, cae en manos de los moros, es encarcelado y queda ciego en su cautiverio.

Almanzor, apiadado por su tragedia, le concede la libertad. Una mujer árabe cuida de él y de su unión nace un niño, Mudarra, el cuál, una vez ya tiene edad para empuñar una espada, parte en búsqueda de su tío y le mata. Los Infantes han sido vengados.

Toda una serie de elementos graálicos aparecen en la gesta. Su mentor, Nuño, les ofrece unos collares mágicos de oro para adquirir el conocimiento. Las cabezas cortadas de los siete Infantes son veneradas a modo de reliquias dentro de un arca, en Salas de los Infantes, que recuerda a los relicarios del Temple.

Iglesia de Omeñaca (Soria) donde cuenta la leyenda cómo en sus muros se abrieron siete arcos para que los infantes de Lara oyeran misa.

En el romance intervienen la lanza, un anillo de oro partido que, al ser unido por la mora que cuida de Gonzalo Gustios, hace que este recobre la visión. Finalmente, la abuela de los Infantes funde sus collares de oro y fabrica una copa mágica.

El recuerdo de estos Infantes, que se extendió también por tierras sorianas, se hace patente en una piedra prehistórica cuyas oquedades, dicen, se formaron milagrosamente al depositar los infantes platos y cucharas en su último almuerzo, lo que da así nombre a dicha sierra. Esta piedra es conocida como la "Mesa de los Infantes", en la que aparece de forma confusa una huella alargada, atribuida al pie que la Virgen puso allí mientras aconsejaba a los hermanos rezar sus últimas oraciones en la cercana iglesia de Omeñaca, situada al sur de la sierra. La tradición y la leyenda cuentan cómo en dicha iglesia se abrieron milagrosamente siete arcos cuando los infantes acudieron para escuchar misa por última vez.

En una plazuela la mencionada localidad se encuentra una fuente adornada con una interesante cabeza que recuerda a los ritos celtas de las cabezas mágicas y a los enigmáticos Bafomet del Temple.

A pesar de que mi objetivo era la Sierra de la Demanda, nuestra proximidad con la del Almuerzo hizo que cambiásemos de planes para

Detalle de los capiteles de la iglesia.

intentar ir en busca de la losa en la que se dice que comieron por última vez los Infantes y que, según mis informes, se encontraba en la cima de la sierra.

Mis esfuerzos resultaron inútiles, la empresa fallida y lo peor fue que la mañana se había volatizado con mi empeño. Desalentados, tomamos el camino de vuelta hasta la cercana localidad de Narros. Son muchas las ocasiones en que regreso con las manos vacías, pero siempre con la esperanza de que en una próxima ocasión el esfuerzo se vea recompensado.

Mientras descendía, entre tropezones y alguna que otra caída, por fortuna sin consecuencias, no podía sospechar que me aguardaba una agradable sorpresa. En la plaza de Narros, al lado de su fuente, una extraña e impresionante lauda estaba esperándonos.

Se trata de una losa de grandes proporciones que luce en una de sus caras una gran cruz paté templaria, rodeada por dos círculos y con cinco botones en los intersticios que dejan sus cuatro brazos. En aquel instante, recordé la cruz asturiana que puede contemplarse en la iglesia de Santiago, en el concejo de Sariego.

En su reverso, la losa ofrece grabados siete círculos concéntricos. Resulta extremadamente difícil saber si estos círculos están relacionados con la leyenda de los siete Infantes o bien poseen otros significados menos evidentes. Ya indiqué que, en ocasiones, es necesario trasladarse hasta la Edad Media para comprender la mentalidad y las creencias de la época. No olvidemos que, en aquel tiempo, el mágico y sagrado número siete formaba parte de su cotidianidad.

Aquella humilde piedra granítica nos estaba ofreciendo todo el maravilloso y complejo mundo de la simbología y sus conocimientos universales olvidados por el hombre del siglo XXI.

El siete representaba los seis días de la semana y uno de descanso. Las seis direcciones del espacio y el punto central del que parten. Los colores del Arco Iris y las notas musicales. La Menorah, el candelabro de siete brazos de los judíos, y el Templo de Salomón, que tardó siete años en ser construido.

El septenario resume la totalidad de la vida moral y añade a las tres virtudes teologales (Fe, Esperanza y Caridad) las cuatro virtudes cardinales (Prudencia, Templanza, Justicia y Fuerza). Además, dicho número es clave del Apocalipsis: 7 iglesias, 7 estrellas, 7 espíritus de Dios, 7 sellos, 7 trompetas, etc. No olvidemos que los templarios eran

Iglesia de Santiago (Sariego, Asturias). Disco solar y cruz del temple.

ante todo monjes-guerreros y que su preparación era tanto guerrera como religiosa. Ofrecer una detallada descripción de las representaciones simbólicas del número 7 que se hallan en la mayoría de culturas sería casi interminable.

También estos círculos poseen interpretaciones. Cuando aparecen concéntricos, como es el caso, representan los diferentes grados o planos del ser y las distintas jerarquías que constituyen la manifestación universal del SER.

La idea de centro también se ve materializada en la figura del círculo. Su centro es el punto en el que los iniciados se encuentran en la misma medida y a la misma distancia de cualquier punto de dicho círculo, es decir, de la realidad del mundo que representa.

Por inmenso que resulte el círculo y por lejano que se encuentre el ser humano de su centro, o sea del conocimiento, siempre existirá un radio que lo una a él: el camino iniciático El círculo posee otras interpretaciones, como la del cielo, símbolo del mundo espiritual, invisible y trascendente; los siete cielos o quién no recuerda la expresión: el séptimo cielo. En definitiva, la perfección y la totalidad.

Resulta sorprendente comprobar cómo aquella lauda, enclavada en la plaza de un pequeño pueblo soriano, podía ofrecernos en la sencillez de su símbolo tan variados niveles de lectura y conocimientos tan profundos. Los kilómetros recorridos siempre me han demostrado que podemos encontrar saberes donde uno menos lo espera.

Siguiendo nuestro camino por carreteras vecinales llegamos hasta el pueblo de Renieblas. Fue en sus cercanías donde se estableció una de las legiones romanas que puso cerco a la ciudad de Numancia. Curiosamente, unos 2.000 años después, la circunstancia se repitió al asentarse en el pueblo una batería de los cuerpos expedicionarios fascistas durante la guerra civil.

En el bar del pueblo y en una puerta adyacente puede aún observarse el dibujo de una granada, símbolo artillero, y un "Viva il Duce", muestra palpable de que la historia SÍ se repite. Aquellos italianos no ignoraban que su expedición no era sino un regreso. Prueba de ello fue el graffiti que pintaron en las cercanas ruinas numantinas con la leyenda "Roma ha rittornato" y un INRI, inscripciones que felizmente fueron borradas por los sorianos.

Al preguntar por el pasado histórico del lugar y hacer referencia a la lauda de Narros, se nos indicó que en el pueblo vivía un joven arqueólogo que tal vez podría informarnos al respecto. Lamentablemente se hallaba ausente por aquellos días y tal información hizo que cayera de nuevo en el desánimo. Probablemente, mi vehemente insistencia y el interés que demostraba por el tema motivó el que los vecinos nos pusieran en contacto con la madre del arqueólogo.

Así fue como conocimos a Loli, encantadora mujer en cuya compañía pasamos una tarde inolvidable. Paseando por el pueblo y charlando animadamente sobre distintos temas, nos condujo hasta las afueras del municipio. En aquel momento, lógicamente, ignorábamos a qué se debía su amable ofrecimiento. Pronto lo supimos. Pegadas al suelo con cemento y cercanas a un muro, se alzaban dos laudas. Ambas lucían la cruz del Temple y en su reverso un sol radiante compuesto por doce rayos.

Aquel sol radiante recordaba el cielo como una cúpula dividida en doce sectores que representaban los doce signos del Zodíaco y los doce meses del año. El número doce es el resultado de la multiplicación de los cuatro elementos (Tierra, Agua, Aire y Fuego) por los tres principios alquímicos (Azufre, Sal y Mercurio). También el Árbol de la Vida se presenta con doce frutos. En el simbolismo cristiano, el número doce representa a la Jerusalén Celeste del Apocalipsis, con sus 12 puertas con el nombre de las doce tribus de Israel y 12 asientos para los 12 Apóstoles. Así mismo, este círculo o Sol es la figura de Jesús el Cristo como Héroe solar y "Sol Invictus" con sus discípulos en los doce rayos.

Preguntamos sobre dichas laudas y Loli nos indicó que tal vez formaban parte de las muchas que hubo detrás de la iglesia y que se erigían en un semicírculo para delimitar posiblemente un lugar sagrado, ya que eran funerarias. Al instante pensé que podría tratarse de un cementerio perteneciente a la Orden del Temple. Así se lo indiqué y le recordé los hallazgos efectuados en otras latitudes. Loli sonrió socarronamente y de nuevo nos indicó que la siguiéramos. Atravesamos tortuosas callejuelas ya rojizas por el cercano atardecer y llegamos al cementerio.

En la entrada, una gran losa a modo de dintel ofrece al visitante otra cruz del Temple dentro de un círculo y con los mismos botones que la del pueblo de Narros. A ambos lados de dicha cruz hay sendas ruedas o círculos. Uno destrógiro y el otro lejóviro. Uno de ellos parece esquematizar un movimiento ascendente, hacia los cielos, mientras que el otro parece ahondar en la tierra, como si se tratara de un descenso a los infiernos.

Antaño, otra hilera de laudas semejantes trazaba una línea, a modo de camino o recorrido, que unía la iglesia del pueblo con una ermita ya desaparecida situada en las afueras. Posiblemente se tratara de un camino de peregrinaje hacia la ermita en la que se veneraba alguna imagen local. Otras laudas recuperadas del olvido y de la destrucción rural se hallan visibles en los muros del cementerio, como por ejemplo la que se halla encima del dintel de entrada. Desgraciadamente, la inmensa mayoría se han perdido irremisiblemente.

Supongo que mi interés por todo aquello que hace referencia al Temple hizo que nuestra anfitriona, ya finalizada la tarde, nos confesara que desde hacía años poseía un secreto, "su secreto". De nuevo su afable sonrisa nos acompañó en otro recorrido por el pueblo, hasta llegar ante un edificio en ruinas, tapiado, cuyo aspecto antiguo recordaba a un pequeño palacete. El corazón me dio un vuelco cuando allí, en el arco pétreo de una puerta, esperaba nuestra visita un escudo deteriorado por el paso de los siglos.

Discos solares y cruces templarias. Renieblas (Soria).

Un jinete que empuña una espada y su montura miran el cielo o a la cruz del Temple que se encuentra en la parte superior izquierda. Además, esta iconografía se ve completada por dos veneras o conchas que se hallan fuera del escudo y a ambos lados. Loli nos había desvelado su secreto de años que, en el silencio de la piedra, proclamaba su paternidad templaria. No demasiado lejos del pueblo había existido uno de los muchos ramales del camino de peregrinación a Santiago.

Finalmente, en el mismo muro, pero en lugar mucho más alto y en una esquina, vimos un crismón coronado por una cruz patriarcal que, a pesar de que daba la impresión de no ser tan antiguo como el escudo, resultaba muy significativo en este cúmulo de símbolos ubicados en una zona tan reducida.

No me cabe la menor duda de que toda la zona es especial y así debieron considerarlo también los templarios cuando se instalaron en ella. En la Sierra del Almuerzo se encuentran todavía vestigios de torres medievales como la de Torretertajo, la de Castellanos de la Sierra y Torre de la Pica. Tampoco es mera casualidad si al norte de esta sierra se encuentra el pueblecito que lleva por nombre El Espino.

Lauda con cruz del temple en el cementerio de Renieblas.

Jamás estaremos lo suficientemente agradecidos a Loli y a su extraordinaria amabilidad al permitirnos compartir su secreto, que ahora ve la luz por primera vez.

En aquella tarde soriana compartimos muchas cosas, experiencias, anécdotas, pero también proyectos e ilusiones y ese calor humano que se destila cuando se va en busca del pasado.

El tiempo se había agotado, anochecía y teníamos que regresar. La Sierra de la Demanda esperaría pacientemente a que un próximo viaje nos llevase de nuevo hasta esta tierra mágico-sagrada desde la más remota antigüedad, que sólo espera ser visitada para poder contemplar su rica historia y sus ancestrales secretos.

Capítulo 11

Reflexión final

Los estudiosos de la Edad Media tienen a su disposición archivos, bibliotecas y centenares de obras especializadas donde consultar acontecimientos, personajes y hechos concretos, por pequeños que sean. Cuando todo aparenta estar ordenado y catalogado, aparece el rostro de la realidad con socarrona sonrisa para indicarnos que esto no es así, que no todo está etiquetado en el estante correspondiente y que existen lagunas, espacios en blanco y piezas por encajar.

Cuando contemplamos ermitas o iglesias perdidas por cerros, en la cima de un monte o bien en el centro de una gran urbe, nuestros ojos no tienden a descubrir que la realidad se encuentra siempre más allá de lo aparente.

Al observar estos edificios se tiene la impresión de que su iconografía es siempre parecida, que produce la sensación de una cierta monotonía, a pesar de las variantes y características propias de cada una de ellas. Un extenso bestiario, rostros, figuras y elementos vegetales aparecen por doquier y dan la impresión de "déjà vu".

Pero, a veces, un elemento extraño a los parámetros conocidos romperá los esquemas establecidos, llamará nuestra atención y despertará nuestro interés. La figura de un canecillo, el relieve de una metopa o la imagen de un capitel estarán dándonos la información necesaria a través del símbolo, es decir, a través de aquello que representan y no de aquello que aparentan ser.

El famoso y conocido "hereje" Prisciliano ya advirtió, en su momento, de las dificultades en la interpretación de los símbolos para todos aquellos que pretendían desentrañarlos: "Se cae en el riesgo de recrearse en el signo sin pasar al significante, apegándose a la imagen y no trascendiendo la realidad".

Estas han sido las experiencias vividas a lo largo del tiempo, que convirtieron nuestros viajes en una interesante búsqueda por los senderos de la memoria para ir al encuentro de aquellos caballeros revestidos por un halo de misterio y de los que ignoramos casi todo. Tal vez sólo llegaremos a conocer lo que ellos quisieron que supiésemos.

Soy consciente de que referencias bibliográficas, pistas, indicios y un sin fin de símbolos habrán escapado a mi curiosidad y probablemente habré pasado cerca de localidades que todavía poseen las huellas del Temple. Efectuar un estudio detallado, tal y como creo que se merece dicho tema, excede con mucho las capacidades de un solo individuo, por ello pido la comprensión del lector por mis posibles errores.

El hombre del siglo XXI no posee todas las claves, a pesar de la tecnología de que dispone. Existen enigmas que todavía no ha podido desvelar. Tal vez estos misterios estén ahí para recordarle que todavía le queda mucho camino por recorrer para comprender su pasado.

BIBLIOGRAFÍA

Nicola Coldstream. "Constructores y Escultores". Akal 1998.

José Antonio Martínez Prades. "Los Canteros Medievales". Monográficos Akal 1998.

Maurice Guinguand, Béatrice Lanne. "Le Berceau des Catedrales". Maison mame, Paris 1973. (Versión española, Espasa Calpe, Madrid 1978).

Louis Charpentier. "El Enigma de la Catedral de Chartres". Plaza y Janés, Barcelona 1970.

Michel Bouttier. "Cathedrals, leur Symbolique". Création et Recherche, Le Mans 1988

John. M. Lundquist. "El Templo". Debate, Madrid 1996.

Robert Lawlor. "Geometría Sagrada ". Debate, Madrid 1996.

Caroline Humphrey, Piers Vitebsky. "Arquitectura Sagrada". Debate–Círculo de Lectores 1997.

Fulcanelli. "El Misterio de las Catedrales". Plaza&Janés, Barcelona 1970.
Fulcanelli. "Las Moradas filosofales". Plaza&Janés, Barcelona 1969.

María Assumpta García Renau. "Los animales fantásticos del Apocalipsis". Rev. Axis mundi. Nº 6-7 Paidós 1999.

"El Libro de los Signos". Ediciones 29, Barcelona 1980.

René Guénon. "Símbolos fundamentales de la Ciencia Sagrada". Paidós Orientalia. Ediciones Piados, Barcelona 1995.

Titus Burckhardt. "Alquimia". Plaza&Janés, Barcelona 1976.

John Matthews. "La tradición del Grial". Edaf. Madrid,1991.

Julius Evola. "El Misterio del Grial". Plaza&Janés. Barcelona,1977.

Juan García Atienza. "El Santo Grial". Biblioteca Básica de Espacio y Tiempo. Madrid, 1992.

Juan García Atienza. "La Ruta Sagrada". Ediciones Robin Book S. L. Barcelona, 1992.

Rev. Cielo y Tierra. Varios autores. "El Graal y la Búsqueda Iniciática". Integral. Barcelona, 1085.

"Las Peregrinaciones a Santiago de Compostela y San Salvador de Oviedo en la Edad Media". Actas del Congreso Internacional celebrado en Oviedo del 3 al 7 de diciembre de 1990. Servicio de Publicaciones- Principado de Asturias, Oviedo 1993.
Valentín Monte Carreño, "Azabachería Asturiana". Consejería de Economía, Principado de Asturias.

J. Uría Riu. "Las fundaciones hospitalarias en los caminos de Peregrinación". Facultad de Filosofía y Letras. Oviedo, 1940.

Gaspar Melchor de Jovellanos y Ramírez. "Diarios". 1915.

Pascual Madoz. "Diccionario-Estadístico-Histórico de España y sus posesiones de ultramar". Madrid, 1845-1850.

Bellmunt y Canella. "Asturias". Gijón. 1845-1900.

"Historia de Asturias". Varios volúmenes. Ayalga Ediciones. Salinas, 1979.

Vicente José González García. "La Casa de Quirós, historia del concejo de Quirós, hijos ilustres, mitologías, leyendas, cuentos, etc.". Gráficas Lux. Oviedo, 1959.

Francisco Sarandeses. "Heráldica de los Apellidos Asturianos". Reedición. Oviedo, 1994 de la edición de 1966. Real Instituto de Estudios Asturianos. (C.E.C.E.L.).

Bagadanum. Miscel·lània. Assosiació Medieval de Bagà. Vol I, juliol del 1998, Vol II, juliol del 1999. Bagà.

Ajuntament de la vila de Bagà. "Bagà, la capital histórica de l'alt Bergadà". Bagà, 1988.

C.M.Vigil. "Asturias Monumental, Epigráfica y Diplomática". Oviedo, 1887.

Felipe Torroba Bernaldo de Quirós. "El Camino de Santiago". Grupo Editorial Asturiano. Oviedo 1993.

Gran Enciclopedia Gallega.
Juan García Atienza. "La Meta Secreta de los Templarios". Martínez Roca, 1979.

Rafael Alarcón Herrera, "A la Sombra de los Templarios". Martínez Roca, 1986.

Carlos María de Luis. Periódico "La Voz de Asturias". Investigaciones realizadas por el Principado, publicadas los días: 27 de enero, 3,10, 17 y 24 de febrero. 3, 10, 17 y 24 de marzo. 2, 9, 16, 23 y 30 de junio, y 7, 14, 21 y 28 de julio del año 1985.

José. Manuel González. "Monsacro y sus Tradiciones". Rev. "Archivum". No VIII.1958. Departamento de filosofía y Letras. Universidad de Oviedo.

Padre Luis Alfonso de Carballo. "Antigüedades y cosas memorables del Principado de Asturias". Madrid 1695, Oviedo 1864.

Eloy Benito Ruano. "La Orden de Santiago en Asturias". "La Orden de Calatrava en Asturias". Rev. Asturiensia Medievalia, No 1. Oviedo, 1972.

Elviro Martínez- Ceferino de Blas. "Llanes en la Ruta Jacobea". Oviedo, 1965.

Carlos María de Luis. "San Martín de Escoto". (Soto) Bidea. No 55, diciembre, 1965.

Magín Berenguer. "Cámara Santa-Aramil de los Caballeros". Bidea. Año XIV. Abril 1960. Nº 39.